爱自己，和谁结婚都幸福

让自己温暖自己的情爱婚恋手册

[德] 爱娃－玛丽亚·楚尔霍斯特（Eva-Maria Zurhorst）
沃尔夫拉姆·楚尔霍斯特（Wolfram Zurhorst）◎著　许　洁◎译

SPM
南方出版传媒
广东人民出版社
·广州·

图书在版编目（CIP）数据

爱自己，和谁结婚都幸福 /（德）楚尔霍斯特 (Zurhorst, E.M.),（德）楚尔霍斯特 (Zurhorst,W.) 著；许洁译 . -- 广州：广东人民出版社，2012.3

ISBN 978-7-218-07561-7

Ⅰ. ①爱… Ⅱ. ①楚… ②楚… ③ 许… Ⅲ. ①婚姻－通俗读物 Ⅳ. ① C913.13-49

中国版本图书馆 CIP 数据核字 (2012) 第 019434 号

AI ZIJI, HE SHUI JIEHUN DOU XINGFU

爱自己，和谁结婚都幸福

[德] 爱娃－玛丽亚·楚尔霍斯特　沃尔夫拉姆·楚尔霍斯特　著
许　洁　译

出 版 人：金炳亮

策　　划：中资海派
执行策划：黄　河　桂　林
责任编辑：段太彬　梁　茵
特约编辑：戴圆圆
装帧设计：张　英

出版发行：广东人民出版社
地　　址：广州市大沙头四马路 10 号（邮政编码：510102）
电　　话：(020) 83798714（总编室）
传　　真：(020) 83780199
网　　址：http：//www. gdpph. com
印　　刷：深圳市东亚彩色印刷有限公司
书　　号：ISBN 978-7-218-07561-7
开　　本：787mm×1092mm　1/16
印　　张：12　　**字　　数**：144 千字
版　　次：2012 年 3 月第 1 版　　2019 年 3 月第 5 次印刷
定　　价：29.80 元

如发现印装质量问题，影响阅读，请与出版社（020-83795749）联系调换。
售书热线：(020) 83790604　83791487　**邮　购**：(020) 83781421

I Love Myself the Way I Am

爱自己，爱我本来的样子（节选）

Jai Josephs

I love you just the way you are,
我就爱你本来的样子
there's nothing you need to do.
你不需要做任何的事情
When I feel the love inside myself,
当我感受到自己内心深处的爱
it's easy to love you.
亦能轻易地去爱你
Behind your fears, your rage and tears
在你的恐惧、愤怒和泪水背后
I see your shining star.
我看到了你闪亮的星辰
And, I love you just the way you are.
而我，就爱你本来的样子

I love myself the way I am,
我爱自己本来的样子
and still I want to grow.
但我仍然需要成长
The change outside can only come,
外在的改变会自然来临
when deep inside I know,
当我从内心深处觉醒
I'm beautiful and capable of being
我美丽，也有能力
the best me I can.
做最好的自己
And I love myself just the way I am.
而我，就爱自己本来的样子

致中国读者信

Dear Chinese readers,

I am more than happy to be able to introduce our new book to you. If you would like to have a really practical guide to a fulfilling relationship – this is the perfect book for you. Whatever question you have – you will find an answer and an exercise which helps you to heal and strengthen your relationship in day to day life. Don't be surprised if communication starts to blossom again and you will fall freshly in love with your old partner.

And finally I want to tell you how thankful I am that so many of you have enjoyed my great international bestseller *Love Yourself And It Doesn't Matter Who You Marry*.

Thank you so much!

Lots of love,

Eva-Maria Zurhorst

亲爱的中国读者：

我万分高兴能向你们介绍我们的这本新书。如果你想拥有一段令人愉快的伴侣关系，这本书就是为你量身打造的实践手册。无论你有什么困惑，都可以在本书中找到答案，而书中的小练习也能很好地帮助你在日常生活中治愈和巩固你们的关系。如果哪一天你们的恋情重新绽放出绚丽的花朵，可别觉得惊讶，这意味着你将和你的伴侣回到浪漫热恋时的美好。

最后我还想借此机会表达一下我深深的谢意，感谢你们大家对我第一本书《爱自己，和谁结婚都一样》的喜爱。

非常感谢！

献上我满满的爱，

爱娃－玛丽亚·楚尔霍斯特

感动推荐

Network-Karriere（欧洲最大的经济报纸直销商）

“爱自己”代表了婚姻以及伴侣关系独到的见解，在社会上引起广泛热议。

《雷姆沙德总汇报》

“爱自己”能帮你走出婚姻危机，增添你战胜困难的勇气。

充满爱和成长、改变和勇气　A. 璨科尔

《爱自己，和谁结婚都幸福》彻底掀起了两性关系的大变革，书中谈到了我们该在婚姻生活中如何改变，这种改变不是改变对方，而是改变我们自己。

这是一本充满爱和成长、改变和勇气的伴侣关系指导书，它绝对值得拥有。这本书告诉我们，伴侣关系出现问题的症结不在于伴侣而在于自己，幸福的伴侣关系有赖于我们是否真正知道自己是谁。通过深入的探索，作者为我们诠释了这样一个问题：为什么我们一直苦苦追寻的爱，看起来却总是令人失望。

写给在情感途中遭遇坎坷的人　乌特·济慈曼

对于那些在情感途中遭遇坎坷的人来说，这本书是不可或缺的。我们总是遇到绊脚石，而且还总在那里跌倒。这本书阐明了如何再次站起来并且坚决挪开这个绊脚石。强力推荐！

它将改变你的婚姻生活！　佚　名

《爱自己，和谁结婚都幸福》简明易懂，适合每天阅读一点。这本书有助于人们通过改变自身而获得更加美好的婚姻生活。

作者夫妇用他们的亲身经历表达了书中的基本观点，他们的故事就像一面镜子映照出发生在我们周围的事情。书中讲述了一些伴侣关系中存在的问题：厌倦，逃避，背叛，及陷入死胡同的性关系等。作者从不偏袒任何一方，因为感情中没有谁对谁错。每个人在伴侣关系中都有自己的角色并且都有改变的空间。最重要的是要敢于敞开心扉，面对自己的弱点，并充分做好准备。

非常有趣而且很实用！　乌尔西克·泽恒

《爱自己，和谁结婚都一样》让我感到一阵激动，但我该如何在日常生活中改变自己？书桌上的这本《爱自己，和谁结婚都幸福》则正好为我提供了答案。

书中的很多练习我都尝试了下，很令我兴奋。这本书读起来很轻松，各章节内容不仅趣味性强，还有很多实用的例子。非常值得一读！

“爱自己”，迎接幸福生活！　亚　娜

《爱自己，和谁结婚都幸福》值得推荐，它着手于深入了解

自身，而不是去追究谁的责任。作者结合了自己的实际经验，提出了拯救伴侣关系的建议，这至少能让你在下一段关系中不要重蹈覆辙，不至于再次失败。此外，“爱自己”不仅仅是幸福伴侣关系的关键，也是通往幸福婚姻生活的捷径。

温情访谈

欧洲发行量最大的女性杂志《妇女画报》专访
德国第一夫妻专家楚尔霍斯特夫妇

“我们有时候也会吵得很厉害！”

他们已经成功度过婚姻危机，由此产生畅销书《爱自己，和谁结婚都一样》。从那时开始作者夫妇的工作和生活都过得很好。当然有时也会出现小小的意外。

爱人之间的相处总会遇到问题，正如爱娃－玛丽亚·楚尔霍斯特在她的婚姻顾问《爱自己，和谁结婚都一样》中谈到，她的婚姻是怎样差点儿失败的。但依然只是到差点儿失败的地步，因为爱娃－玛丽亚和她的丈夫沃尔夫拉姆还是及时地扭转了这个局面，他们终于重新回到爱的天空……

《妇女画报》： 为什么“爱”是永恒的主题？

爱娃－玛丽亚： 人们总是在思考如何定位它，在爱情里我们总是感到困惑，想明确地知道方向所在。

沃尔夫拉姆： 除此之外，金融危机来临的时候，人们更想探究事情的本质。一些品质如爱、渴望、自身的感受开始增长。男人也是一样，在举办活动的时候我们意识到了这点。

爱娃－玛丽亚：昨天来的男人几乎比女人还多。

《妇女画报》：这是否是由于您丈夫跟您一起旅游、发表演讲呢？

爱娃－玛丽亚：是的，在他们陷入女人圈中从而必须面对心理琐事时，男人的愤怒减少了些。

沃尔夫拉姆：有我出现的时候，他们就会有这样的感觉：我是站在他们那边的。我知道他们的想法和感受。

《妇女画报》：开始的时候您妻子获得了巨大的成功，您作为丈夫怎么受得了呢？

沃尔夫拉姆：确实感觉不是那么好。因为她在写《爱自己，和谁结婚都一样》的时候，我丢掉了工作。当我的事业走下坡路时，她的事业却开始上升。

爱娃－玛丽亚：我丈夫是那种事业型的男人，而我就是家庭主妇和妈妈。突然，我的生活开始往上走，而他的事业却开始往下滑。然后他跟我一起去做礼拜。现在，越来越多的男人都是因为他而来的，他的生活也随之改变了。

沃尔夫拉姆：现在我知道了在婚姻关系中找到平衡的重要性，我们总能找到一个平衡点。

爱娃－玛丽亚：短期看是对我们两人好，长远看对我们的关系也有利。

《妇女画报》：你们一直很和谐吗？

爱娃－玛丽亚：我们有时候也会争吵得很厉害！

《妇女画报》：为什么？

爱娃－玛丽亚：都是小问题。有时候只是因为一方本身有压力，另一方说错了话，然后就走开了。

沃尔夫拉姆：然后就开始争吵。

《妇女画报》：你们周围的环境是否因为你们的成功而发生了改变？

爱娃－玛丽亚：我们失去了很多朋友，他们突然不知道如何跟我们相处。在所有的喧嚣之后，只剩下我们俩。

《妇女画报》：你们工作在一起，生活在一起，不觉得厌烦吗？

沃尔夫拉姆：不会啊，和我妻子在一起时，总觉得时间不够。

爱娃－玛丽亚：经常是各自做着琐碎的事情，看看书，听听音乐。以前的话，我会待在家里吃饭，焦急地等他回家。现在，我们更亲密，各自做自己的事情时感觉很轻松。

《妇女画报》：那么你们在工作中也是自己管自己吗？

爱娃－玛丽亚：是啊，我想和女人们聊聊。很多女性只知道职场竞争，同别的女人攀比自己的丈夫。女人应该学会重新认识自己。

沃尔夫拉姆：我希望帮助男人们找到新时代男性的道路。

爱娃－玛丽亚：在秋天，我们的新书主题是关于失业，书中沃尔夫拉姆阐述了他辞职之后发生的事情。

沃尔夫拉姆：看起来危机总是存在于我们的生活中……

《妇女画报》：是危机带来的良好关系吗？

爱娃－玛丽亚：不是的，但是一段幸福的婚姻关系肯定经历过危机。

沃尔夫拉姆：共同战胜每个危机之后，彼此的关系会变得更深更亲密。

目 录

第2章　爱情，可以不用这么纠结　63

“爱自己”，就是那个能改变一切的魔法口诀。它可以带领你走出世上最阴险的爱情陷阱。

第3章　男欢女爱，享受全新性体验　101

爱，性，情感关系，这美好的一切都源自于激情和肉欲。但只有当你的心也参与其中时，才会有真正的快乐可言。

第4章　第三者并不是真正的爱情杀手　127

发生外遇，恰恰给了你一个机会，它能令你在精神世界的深处与自己相遇，感知自己的期待和真实的需求。

第5章　走出危机，迈向幸福伴侣生活　145

只要你学会了爱自己，即使经历了过山车的颠簸，随之而来的也会是更加幸福美好的伴侣生活。

前言

爱自己，获得幸福伴侣关系的秘诀

伴侣关系拥有无限潜力，其可能性远远超出了我们在热恋的初始阶段以及后续情感危机四伏时所能想象的。几年前我们的婚姻曾走在绝望的边缘，当我们终于走出危机之后，我才心怀感激且充满惊奇地认识到了这一点。走过那段危机重重的婚姻关系，我和丈夫猛然发现，我们不仅彼此靠近了许多，而且对我们各自真实的本性也增加了更多清晰准确的认识。

然而，就在我们的婚姻之舟刚刚绕过险滩，正驶向洒满阳光的彼岸时，我们却不断听到一些已经拥有伴侣的朋友准备分手的消息。于是，某天早晨起床时，我突然有了这个主意：我要为这些朋友写下我们的经历，告诉他们，我们是如何从挣扎不断的婚姻危机中走出来，不仅没有分手，我们的婚姻反而还朝着更深的层次健康发展了，我们获得了全新的幸福，再次看到了勃勃生机。这就是我的第一本书《爱自己，和谁结婚都一样》的由来，它帮助了无数人在面临关系危机的时候，以新的角度和方式看待问题，找到解决问题的办法，并最终走出危机。那时候，我只是想要给我的朋友们更多勇气去面对危机和争取幸福，根本没有想到过，这个愿望竟使我的书登上了畅销书的榜首，并从此改变了我的职业生涯。更令我意外的是：我丈夫甚至也开始投身于这一事业，而他之前一贯对这些所谓的“心理学玩意儿”嗤之以鼻，根本不相信能有什么用处和效果。

别期待我们能给你什么万全之策，也别期待所谓的灵丹妙药。“爱自己”所具有的无与伦比的独特魔力，只能通过你自己的努力才能实现。我们能做到的，只是向你展示：你如何才能在生活中逐步发挥“爱自己”的能量。

“爱自己”的体系可以引导你在对待生活和伴侣关系的态度上发生根本的转变。“爱自己”意味着：我愿意为我的生活和我的伴侣关系做出哪些改变，我不再只是将改变的希望寄托在伴侣的身上，而是完全将其转移到自己身上。我关注的是我自己，是我自己的意愿，是如何认识我自己，以及如何接受一个真实的自己。如果我坚持真实地做下去，那么在我的生活中就一定会有奇迹出现。我会发现，原本我渴望的一切，其实都存在于我自身。我需要做的只是去发现它们，并把它们带回到我的生活中来。

“爱自己”理念可以产生巨大的效果，但前提是你必须做好准备，愿意在日常生活中从小事做起，一步一步，脚踏实地地去实践。我们希望通过本书引导你走上现实可行的捷径，带你走出伴侣关系的死胡同，最终获得全新的幸福婚姻。当然，如果你现在还是单身，也依然可以从中获得启发，受到鼓舞。在本书中我们会首先告诉你：如何更好地了解自己，接受自己。以此为出发点，作为单身的你也可以获得新的体验，去寻获适合你的伴侣和属于你的幸福生活。

想要改变你的伴侣关系，就要首先改变你的生活

无论你是男人还是女人，如果此刻你正处于焦头烂额之际，不得不去应付伴侣关系中出现的种种难题，那么，你不一定非要按顺序阅读此书，因为那样的话，你肯定会不断遇到一些令你感到陌生的话题。你尽可以放松自己，说不定你只是随意翻开本书任何一页，都可以遇上同你相关的专题和练习。你也可以从目录中选择一个适合你的专题开始阅读。有时候，即使只是一个小小的改变或突破，也能令一切重回正轨。你只是需要给自己一点时间，好好咀嚼书中的内容，令自己更好地消化其中的意义。

但是，你一定不要给自己找借口。可别告诉我们你正有极为重要的事非做不可，因此没时间来处理自己的伴侣关系。我们现在要探讨的是如何从新的角度来看待事物，因此你需要首先做好准备，让新的种子在你内心生长发芽，并努力令其成长。这一过程可能会在开车时发生，也可能会在熨烫衣物时发生。有时候，仅仅在你读到某一点，或做了书中某个小练习时，效果就会悄然显现。于是，一个奇迹般的转变将出现在你的生活中。忽然间，所有的一切在你的眼中都有了全新的意义，紧接着，你和伴侣的关系就会开始出现一些与往日不同的东西：以往容易引发争执的敏感话题变得不再不可触及；对方提出的一些意见和评论也不再令你感到心烦意乱，不再想要起而抗争；长期以来的惯性被打破了……“爱自己”正是如此来展现其与生俱来的魔力。虽然这一切都是静悄悄从内部发生的，对外部却会产生令人惊讶而着迷的效果，对心理创伤具有极大的修复作用。

“爱自己”能带给我们两人前所未有的亲密感。我们每个人都选择了一条完全自我的道路，并将各自的经验带到了共同生活之中。

希望我们的书能对你的生活起到一点积极的推动作用，从而有助于你在日常婚姻生活中做出一些有益的新尝试。如果书中的练习和启示能给你的伴侣关系带来一点新鲜空气，我们会感到非常愉快与满足。如果你能认真地阅读本书并尝试着在你日常伴侣生活中去实践，那么你一定可以经历到我们曾经经历过的一切：所有的障碍都有着积极的意义与疗愈的作用。没有这些障碍，我们就无从得知，自己究竟拥有多少爱和勇气，也不知道自己其实有多强大；如果没有这些障碍，我们也不可能了解到，婚姻其实就是一场没有尽头的冒险之旅，在旅途中总会有新的发现，总需要我们不断去学习，去体验，去冒险。而我们想要让你知道的是，这段充满奇遇的旅途就始于你自己的足下，因为：想要改变你的伴侣关系，就要首先改变你的生活。

献给天下渴望真爱的男女们

男人和女人都同样渴望得到爱与亲密的关系，但他们选择的道路却常常完全不同，尤其是当他们的亲密关系走入死胡同的时候，他们为了摆脱困境所采用的斗争方式更是有着天壤之别。因此，我们分别从男人和女人的角度来撰写此书，希望能借此将属于男性的经验和属于女性的经验同时带入其中，以便对男性和女性读者都能有所帮助。在这里，我们同时也将此书奉献给我们心中非常重要的那个男士和女士。

我，爱娃－玛丽亚，在这里，我写给女人，写给那些不敢相信自己的女性特质、无法随心所欲向丈夫展现自己的底限、袒露内心的渴望及脆弱伤口的女人。

我，沃尔夫拉姆，在这里，我写给男人，写给那些多年来一直默默渴望获得一份始终如一、充满信任和生机勃勃的伴侣关系，而至今却仍然没有勇气真正投入到情感关系之中的男人。

对我来说，“爱自己”就是一个和解的奇迹。当我学着去接受自己的时候，伴侣在我眼中突然变得与往日不同了。随着时间的推移，爱会在针锋相对、不可调和的怨恨中重获新生。几年前，我们本已准备离婚，因为当时我们早已不再交心，无可挽回地成了在两个不同轨道上奔跑的列车，没有了共同的生活目标。而今天，我们心怀感激地面对每一个共同度过的日子。

“爱自己”令我经历了与自己的第一次亲密接触，它曾将我带入了一个绝望的境地，我开始哭泣，甚至跪倒在地，然而后来，它却也令我感觉到：一切皆有可能，而希望就寄托在我自己的身上，寄托在我目前的伴侣关系之中。最主要的是，“爱自己”令我第一次看到，对于我的伴侣关系和我的妻子，我是多么重要。

我想告诉那个不敢信任自己女性特质的女人：**不要伪装自己，你或许比他更清楚你们的伴侣关系究竟在哪里卡了壳。**到底是什么令你的伴侣感到压抑与排斥？为什么敞开心扉的交流是如此的重要？

然而，所有这些并不意味着，在你们的伴侣关系中，你比他付出了更多的爱，真爱只来自于你。只有通过爱自己，你才能开始信任你的直觉和身体，学会忠实于自己。仅仅表述自己的感觉不能促进爱的成长，爱的成长需要你勇敢充分地去感受去生活，去展现自己的感觉并跟着感觉走，完全不必在乎别人是否能理解你，能否与你妥善相处。

我想对那个不敢投入的男人说：**事情并不在于你是否敢于投入一个女人的怀抱，而在于你究竟敢不敢开始一场冒险之旅，老实说，这还是一场我迄今为止所经历的规模最大的旅行。**你必须要认识到，你的伴侣关系是否幸福完全不会取决于哪一个女性。以前不会，从今往后也不会。你就是那个唯一应该对你的幸福负全部责任的那个人。不过，我要绝对坦率地告诉你：这么做一点都不会比在你自己面前脱下裤子来得更简单，看清自己，认真看清你到现在为止不想看到的，这并不是一件容易的事情。因为你将会从中发现一个赤裸裸的自己——不安全感、伤害感、对无能的恐惧、羞耻心、害怕、无知……仅仅就是这些词汇在男人生活中便已是禁忌。然而，恰恰正是这些，才是真正打开通向爱之大门的钥匙，有了这把钥匙，我们才能走向亲密，走向生机，从而获得争取幸福的力量。

不是走出你的伴侣关系，而是走入你自己

有的女人此刻或许在想："这些感觉根本就不会从我丈夫的心里冒出来……"对此我想要说的是：在危机四伏的时刻，两个人几乎从来都不会选择同样的方向，也不会以同样的速度前行。所以这也许是你最重要的任务：为了你自己而学会独自前行。

作为一个男人，我可以确认上述观点。在我妻子坚定地听从她内心的召唤，坚持走自己的路以后，我才开始认真地面对自己，并开始有所行动。相反，对于男人来说也是一样的：当你感觉到你们的关系已经不能再这样维持下去了，那么就勇敢地迈出你的第一步——不是走出你的伴侣关系，而是走入你自己。

今天，当我回首我们数年的婚姻生活，回想起我们准备分手的那一天时，我会有一种感觉：准备离婚的根本就不是我们两人，而

是两个跟我们毫无关系的人，两个彼此互不相识的人。虽然听起来很荒谬，但似乎在我们根本还不认识对方的时候，我们就准备分手了。我们从对方身上所看到的全部，不过是早春二月里樱桃树上短短的一枝春芽：青涩紧闭，在枝头上若隐若现出一点绿意。那时候，我们俩谁都没想到，正是这朵青涩的花苞，如今开出了灿烂绚丽的樱桃花，并将结出汁液饱满的甜蜜果实。

我爱樱桃！

第1章

幸福，就在你意想不到的拐角

Beziehungsglück ist alltägliches Glück

你是不是感觉自己早已被一日三餐的日常琐事所吞噬，寻不回往日的激情与快乐？

你是不是虽然置身于安全的家庭环境中，但内心却为家外的那个“第三者”而饱受煎熬？

你是不是觉得自己整日循规蹈矩、兢兢业业地为家庭打工，为儿女操劳？

你累了吗？你想要甩开所有这一切的羁绊与重负吗？你正在考虑分手吗？

幸福的伴侣生活从爱自己开始

Beziehungsglück ist alltägliches Glück

你是否认识这样一对伴侣，他们不是来自哪本小说或哪部电影，而是就在你的身边，他们共同生活了20年，他们的婚姻生活直到今天还依然充满活力，彼此还能不断寻找着生活的乐趣。

或许你的情况正好相反，早已习惯于听天由命？你是不是已经对这样的观点深信不疑：任何一种关系随着时间的推移，都会失去活力而陷于停滞状态，揭开婚姻的神秘面纱，看到的不过是一地鸡毛的灰色现实。即便是在最佳状态下，婚姻也只不过是生活的保险箱而已，里面储存的也就是一点点信任罢了。现在你可以坦率地承认你对现实的判断：

你现在究竟是在享受幸福而充实的伴侣关系，还是正深陷在水深火热的关系中不能自拔？

你是不是正在进行秋天的马拉松，此刻早已心慌气喘，上气不接下气？

你是不是感觉自己早已被一日三餐的日常琐事所吞噬，寻不回往日的激情与快乐？

你是不是身在曹营心在汉，虽然置身于安全的家庭环境中，但内心却为家外的那个“第三者”而饱受煎熬？

你如今还是一个自给自足、自由散漫的单身贵族，你一再宣称，宁可做一个自力更生的独行侠，也不愿陷入两性关系的不毛之地，苦苦挣扎？

你觉得自己只是一个忠实勤恳的家庭奴隶，整日循规蹈矩、兢兢业业地为家庭打工，为儿女操劳？

你累了吗？你想要甩开所有这一切的羁绊与重负吗？你正在考虑分手吗？

在我们的婚姻历程中，几乎所有这些阶段都已经被我们抛在脑后了。一路走来，现在我们可以坦率地说：对于我们的婚姻和过往所经历的一切，我们都心存感激，没齿难忘！尽管此时此刻，我们仍然无法知道，这条婚姻之路究竟会将我们引向何方，但我们仍能清楚地看到，正是危机给予了我们极大的帮助与支持。因此我们可以说，危机保证了婚姻的健康发展。

为了保障伴侣关系的长期稳定和发展，现在，我们需要搞清楚一个重要的问题：伴侣关系不是生活的保险箱，也不是让我们在紧张的工作之外用来休养生息的度假村。伴侣关系给了我们一个发展自我的机会，通过对关系的不断调整，我们将获得源源不绝的新能量。

“爱自己”绝对不是“你爱我啊我爱你”这种叽叽喳喳的形式上的表达，而是一种由内而外的整体转变，无论是对你自己，还是对伴侣关系，你所关注的焦点应该始终放在你自己的身上。

如果你不幸陷入了严重的关系危机，或正被日常生活的平庸烦琐所淹没，原因只有一个，你拒绝了对自我的发展与完善。

下面是一个典型的范例：

艾德饱受负疚感的折磨已经很久了，于是，他来到了我们的诊所。多年以来，他的情感生活总是在出轨，他一而再再而三地背叛自己的妻子而上了陌生人的床。艾德十分无奈地表达了他的感受："令人着魔的就是那样一种活力，放弃理性的控制，让自己率性而为……但是，尽管如此，我还是很爱我的妻子，根本不愿意离开她。"

每当事情发生时，艾德的确都感觉到自己被撕裂成了两半，一边是对生命活力不可抑制的渴望，而另一边则是与家庭患难与共的紧密联系。随着我们之间谈话的逐步深入，外遇对艾德来说变得越来越失去了意义。因为他很快就发现，这么多年以来，自己其实一直在试图适应家庭生活，就像他从父亲那里学到的那样。而那些琐碎的日常生活则与他的真实本性格格不入。

随着艾德对自我的认识越来越深入，那些被压抑的需求与感受也越来越多地浮出了水面。于是艾德与家人的关系也开始变得越来越紧张。那些长期没有得到解决的问题被放到了桌面上，有些问题则直接指向了他们的婚姻。终于有一天，他那习惯于沉默寡言和心门紧闭的妻子也坐了下来，开始说出了她的心里话："过去的几个月简直就像坐过山车。不过，现在我终于可以承认，其实我自己早就不想再维持下去了。"

其实这正是艾德夫妇向着美好幸福的伴侣关系迈出的第一步！

那么，究竟怎样才能使黯淡的家庭生活重获生机呢？当你面对关系恐惧症，或者当你的婚姻走进死胡同并亮起红灯时，你该如何寻找出路呢？我们治疗关系危机的灵丹妙药就是："爱自己"。它具有起死回生的魔力，不仅在过去帮助我们自己走出了感情危机的泥沼，而且时至今日也依然是我们的十全大补方，足以用来应对一切破坏我们婚姻生活的灾难与病患。"爱自己"的神效就在于，它能够令你调整自己的焦点，将注意力放到你自己身上，而不再只是去关注别人。

爱自己　　你是如何与自己相处的

请向自己提出以下问题（如果你是单身，请设想一个可能成为你伴侣的人，或者你过去的伴侣）：

什么时候我会对伴侣感到不耐烦？什么时候他会令我感到受伤？什么是他做该做却没有做的？他做错了什么？有什么是他没有关照到的？什么时候，在哪件事情上，他越过了我的界限？他在什么地方没有照顾到我的感受？

搞清楚这些问题之后，请给出10个例子，说明你是如何与自己相处的。对！就是这个意思：什么时候你没有照顾好自己？你没有给自己时间吗？什么时候你没有倾听自己内心的声音？你没有充分表达自己吗？你对自己不诚实吗？或者你只是在适应？你在自欺欺人吗？

请不要戴着有色眼镜看你列出的清单。问一问你自己，究竟你可以做些什么，好让你能够更好地对待自己？然后，请你开始行动，尝试着去做。这需要勇气，但只要你去做了，勃勃生机就会在一瞬间降临到你的生活之中。

两性关系之间，真的存在奇迹

Beziehungsglück ist alltägliches Glück

一派胡言！根本就没有什么奇迹，更别说在伴侣之间了！这是你的看法吗？那么我们可以告诉你：我们就亲身经历过奇迹，并且直到今天，各种奇迹仍然在不断上演着。我们不仅与彼此经历着奇迹，还与那些来寻求帮助的人们共同经历着奇迹。因此，我们能够也很愿意向你展示，奇迹究竟是怎么发生的。

现在你或许会说：也许吧，但那是你们，或者还有你们认识的那些人。在我和我的伴侣之间可完全不是那么一回事儿。好吧，那么我们能给予你的回答就是，看看我们的现实吧，我们的婚姻曾在数年之中一步步濒临破碎的边缘，随时都有离异的可能，但奇迹恰恰可能就在一切看起来都不可救药毫无出路的时候蓄势待发。

或许你本身就是一个容易悲观的人，但可能正是这样的你，才恰好需要在两性关系中收获一点奇迹！也许在过去的5年里，你一直都生活在一种似是而非的关系之中。你告诉所有人，其实你们早就不生活在一起了，早就分手了。可不知为何，这样一种不在一起却又没有真正分离的状态偏偏一再重复地出现，令你与那个不是你想要的伴侣纠缠不清，甚至比任何形式的一纸婚书都更具有粘合力。

可能你已经无数次地对你的那个TA说过，一切都已结束；可能你多次对你的伴侣作出过承诺：你会永远忠实于TA，守候在TA身边，不离不弃。而事实上，你却一再出现在陌生人的床上。

也许在很多年以前，你就已经对激情和现实中的性爱不再抱有任何希望，也许你早已满腹愁怨，心如止水，冷若顽石，只因为你的伴侣一贯随心所欲，从来不曾关心你的感受。你感到自己只不过是被他人利用的玩偶，毫无价值。所有的抱怨甚至威胁，这一切的一切，都无法令现实有任何改变。

显然，此时此刻的你很可能已经走入了死胡同，你们的婚姻也似乎已经毫无挽救的余地。但这绝不是因为你们忽略了什么或者破坏了什么重要的东西。而是因为你们还未发现那个无形中能令你们关系真正运转起来的秘密。而我们的经验是：其实没有人能把这个秘密告诉你。没有人能为我们做好准备工作，没有人能送给我们一个标准的爱人、真正的情人，更没有人能保障我们在伴侣关系中永葆青春。

伴侣关系来源于日常生活。它就在你同另一半相处的日常生活之中。首先来自与你自己相处的过程中。恰恰就是在这儿，在你意想不到的地方，隐藏着你所期待的幸福。

好吧，现在你是否愿意听我们揭晓那个能带给你幸福伴侣关系的超级秘密？你是否至少愿意去冒险尝试一下，放开自己，让那个小小的，当然也可能是巨大的奇迹，也同样发生在你的婚姻世界和情爱生活中，从而让它在你的心里生根发芽，哪怕这一切现在看起来是那么遥不可及？

想要迈向奇迹，你必须学会急刹车！现在请停下脚步，让自己保持安静，然后认真仔细地回想一下：你是不是总在关键时刻选择逃避？当冲突的苗头出现时，你是不是总会以沉默来应付当前的局面？还是一直以来你都在试图去说服伴侣，尽管根本就无济于事？

为了挽救你们的关系，你会竭尽所能，冲锋陷阵，还是选择退避三舍，无所作为？从严格意义上来说，其实都无所谓。这两种策略根本就是半斤八两，说不上哪个更好，况且这两者往往还会此消彼长，相互转化。因此，你现在所需要做的第一个练习就是：从自己习以为常的自动模式中解脱出来。

爱自己　　你什么也不要做

当你面临问题与冲突时，你可能会很自然地想要用一贯的老方法去对待，尽管这些策略和方法从来不曾帮助你达到你想要的效果。所以，下次遇到问题时请一定要改变你的行动方针！你一定要清醒地、有意识地控制自己，既不要做无谓的长篇大论，也不要退缩回避，你什么也不要做！

此刻，你一定会问：那然后呢？我究竟该做点什么？在这一刻，做什么还不重要。最重要的是，你必须学会打破原有的惯性模式。仅仅是这一点，就能为你和伴侣充分营造出空间，从而为你们之间的关系留下一个真空地带。在那里，将会有一些新的东西自然而然地出现在你的面前。究竟会发生什么呢？还是让你自己去体会那份惊讶和欣喜吧。

和谁结婚都一样

Beziehungsglück ist alltägliches Glück

为了能够超越自我摆脱困境，我们的表述或许有些夸张，甚至会刺激到你的神经，一时间可能令你难以接受。但我们还是要说：你和谁结婚结果都一样。因为你最终必然要面对的还是你自己。我们知道这话听起来简直理性得令人失望，毫无浪漫色彩可言：一切其实都无所谓，不论你遇到谁，最后你都不可能抛开你自己。

而你的另一半则不过是你的对立面而已，即使是在最理想的情况下，你也不过是通过他的存在来发现自己爱的能力。经过一段时间的相处之后，你会更多地发现自己那些没有得以实现的愿望以及你个人的局限性，还有那些掩藏在你内心深处的伤害。

如果你确实想要在建立并发展伴侣关系方面有所收获的话，那么，你现在所拥有的这份关系就是你所能得到的最好结果，哪怕此刻你正为身陷其中而感到沉闷郁结，心痛欲碎，甚至沮丧绝望！因为这份关系对你而言正是一个艰巨的考验，而战胜考验的过程正是强化并拓展你适应婚姻和发展情感之能力的最佳机会。因为你在这份伴侣生活中所集聚起来的冲击力正好可以将积压在你心头的坚冰顽石彻底粉碎，将抑制并扼杀了生活中一切喜悦及快乐的恐惧彻底清除。你所有的紧张与压力都来自一个唯一的目的：为了真正拥有爱的能力。你一定会觉得，我们简直就是在痴人说梦。

◆ 你们的婚姻是不是早已千疮百孔，正面临土崩瓦解？

◆ 在你们两人之间是不是就只剩下摩擦和冲突，甚至任由争吵在两颗心之间高墙横亘？

◆ 你的伴侣是不是不断在外面拈花惹草，屡屡向你发动炮火攻击？

◆ 你的伴侣是不是处处压制你，时时冷落你，经常不关心你？

在这样的情形下，难道你还有能力去爱吗？如此抛锚搁浅的两性关系又如何能被称为是最适合你的呢？这不是天方夜谭是什么！你真是这么认为的吗？

一个具有挑战性的伴侣正是最理想的陪练，通过他，你恰好可以学习，究竟什么是爱。而关系危机则正好可以提供一个绝佳的可能性，并最终令你真正拥有爱的能力，学会在更深的层面接近另一个人，从而获得生命的动力。

其实，伴侣关系陷入危机的时段正是你可以加深对自己的认识的最好时机，只要你透过自己所扮演的角色，认真看一看幕后的真相，就可以揭开自己的防御面具。同时，你还可以透过伴侣的表象，看清他最真实的内心世界，或许那也是一颗伤痕累累、战战兢兢的心。于是你就会发现，他恐怕未必就是那个恶人与罪犯，而他所带入婚姻的，也只不过是另一种性格，另一份伤害以及另一种经验而已。

从另一个角度来说，这一切都可能会将你的生活引向一条意想不到的全新的地平线上。正是这种相互作用和相互影响的过程，才称得上是一次充满奇遇的冒险之旅：从中你会发现一个全新的自我，并由此改变对他人的看法。你会开始用新的眼光来看待另一个人，同时也从新的角度来看待你自己。

当然你也大可以继续寻寻觅觅，四处搜寻新的伴侣，或者不断期待着能发现一个完美的情人。然而，事实的真相是：首先，这个世界本身就没有真正完美的人存在，我们每个人身上都背负着恐惧、缺陷和伤害；其次，你能和你找到的人一起能走多远，只决定于你能够跟自己一起走到哪里。你能爱他多深，也只取决于你爱自己有多少。你自己就是你在生活中爱的极限。

如果你想要在生活中获得爱，那么你必须首先成为一个优秀的爱人。我们要赋予这样的爱人一个全新的意义：不再是那个一心渴望俘获梦中情人与理想婚姻的人，而是一个让爱来战胜自己内心的恐惧，用爱来消除自我防御机制的人。

爱自己　　练习一定要重复、重复再重复

如同我们每天要刷牙一样，一个优秀的爱人也会习惯性地对自己提出一些问题：什么是我此时此刻能够学习到的最重要的东西？为了能面对危机超越挑战，我现在需要从自身发展和完善出哪些品质？

不妨问一问自己：什么是你现在需要做的？或许你曾在某个点无数次地遭遇了滑铁卢，所以你需要在那里战胜自我？你是否需要画出底线？你是否需要学会说“不”？你是否需要在另一个人面前完全敞开自己，投入他的怀抱，并对他说出那一句“我愿意”？你是否需要鼓起勇气去展现自己，尽管你满怀恐惧，没有安全感？

你需要战胜羞怯吗？你需要放弃控制吗？你需要分清轻重缓急吗？

搞清楚什么是此时此刻你在生活中最需要学习的，然后如同面对所有新生事物一样，你需要勇气去迈出第一步，随后不断地重复练习，一定要重复，再重复。

你现在拥有的，正是你所期待的

Beziehungsglück ist alltägliches Glück

你和你的伴侣是否正处于战争状态？或者说你早已在这场战争中精疲力竭？于是你对自己说：我们之间的一切都不过是一场噩梦，一个错误，如此苦海无边，我要去哪里找寻我想要的幸福？对不起，老实说，你现在所拥有的这份关系，或者也可能是一种并非关系的关系，其实就是你潜意识里所相信并期待的结果，不论你觉得它究竟是否适合于你。事情就是如此。

于是，我们又回到老问题上来了，这也是我们这本书中最难以理解和消化的问题：我们确信，每个人的潜意识中都存在着某种距离，存在着不安全感和孤独感，而这一切又会不断地在我们的生活和伴侣关系中重复出现。在我们同伴侣一起体验这一切之前，其实我们早就经历过了。不论这是多么令人痛苦绝望，在婚姻或伴侣关系中被激发出来的控制欲望和推动这一关系所发展的原动力，原本就是我们自身系统早已熟知的。

或许你现在会问，此时此刻我正在经历的所有这糟糕透顶的一切，这所有的阻力和痛苦，难道都是我曾经遭遇过的，是我的潜意识所自找的结果吗？难道所有这一切都是我自己想要不断重复的吗？我们的回答是：没错，正是如此！这或许听起来有些苦涩，但在伴侣关系中，我们的确毫无自由可言，而我们确确实实就像一台电脑那样，总是喜欢自动重启同样的甚至经常是老掉牙的系统。

为了能让你尽快理解这一点，这里有两个数字很重要。虽然每一个孩子在学校里应该都学过这两个数字，但我们中的大部分人对此却并不认识：科学证明，我们对自己的认识，大约有96%都是潜意识的，只有4%是我们能够明确意识到的。

只有4%？你此刻一定会想：这不等于什么都不是吗？！这就是说，我其实对自己毫无概念……我根本就不认识我自己，我已经把所有的一切都忘掉或者排除了……我甚至无法发挥自己大部分的潜能……对于我的生活，我所能感知到的，其实只有极少的一部分——可怜的4%，难道只有这么一点点是我自己可以控制的？这就对了！我们对很多事情的认识，的确只有极少的一部分，与此相比，潜意识显然占据了绝对的优势。

我们无法意识到的，正是远远超出了我们能够意识到的那部分。如果我们相信我们已经掌握了自己的生活和命运，那我们可就大错特错了。不过，即使是那隐藏起来的部分，我们也是可以了解的。

对此，你肯定在现实的日常生活中深有体会。或许你尝试过减肥，要不就是戒烟；你还想过要增加运动量，你曾决定不再跟你的爱人或情人见面。至少你那4%的意识可以做出良好的打算：从今天起，该结束了！不要再贪吃！不要再吸烟！不要再呆坐！不要再外遇！你可以意识清醒地对自己说，我的态度是认真的，我的动机是强烈的。

然而不幸的是，这一切还没能坚持多久，就有一股意想不到的力量从你内心深处冒了出来，这股巨大的力量完全改变了你那有意识的良好计划。欲念让你情不自禁，转眼间，一切的信誓旦旦都灰飞烟灭：你的嘴里突然又冒出了一块巧克力，还有几片脆薯片；你又一次点燃了香烟；跑鞋刚被扔到了一边，你就和几个小伙子去外面喝酒了；渴望与本能再一次战胜了你的理性，你又跑去会见那位秘密情人……

通过上面所有这些例子，你可以清楚地看到更强大的那部分自己：属于潜意识的占去96%的那部分你，陌生却又强大无比。

爱自己　　从今天开始，重新认识你自己

请你展开想象，好像你从来都不曾认识自己，然后让你与自己重新相爱。还会有什么比这更有意思的吗？请让你完全从另一个全新的角度来看待自己，毕竟，现在的你已经知道了一个可能存在的事实：你其实只了解自己极少的一小部分。

请对你自己说：事实上我可能真的只认识4%的自己！这对我的生活和我的伴侣关系意味着什么呢？我还有可能认识自己更多一些吗？还有多少是我尚未经历的，还有哪些是我尚未发现的？难道我不是早就一直认为，我还想要在这个世界上获得一些其他的东西吗？

如果你接受这个现实，那么从现在起，你就需要去做很多事。你的96%正在等待着你去发现，去探索，去接受，去经历。此时此刻，你是否已经感到震惊得说不出话来了呢？请少安毋躁：有一个人，他很出色，心胸开阔，全面而富于变化，深刻且多姿多彩，你不认识这个人。其实，这个人就是你自己。从今天开始，重新认识你自己。

通往幸福伴侣关系的捷径

Beziehungsglück ist alltägliches Glück

你是不是已做好了接受一份更亲密关系的准备，但在这个过程中却发现，另一个人无法像你所想的那样真正走近你？于是你肯定会问，如何才能在你的潜意识领域里，最终揪出那阻挠你们爱情的破坏者呢？如果你有足够的勇气，我们可以在这里给你指明几条捷径。

第一条捷径：全心全意毫无保留地爱上你自己，而且必须照单全收，无条件地接受一个完整的自己。你不仅要去接受那个表面上的自己，还必须接受那个隐藏在外表之下的完全未知的自己。不论从你内心深处浮出水面的是什么，你都要满心欢喜地接受它。其实，潜伏在潜意识深处的并不是魔鬼，伺机而动的，恰恰是你内在非常宝贵的资源，那是你天性的一部分，也是你的才能。当它上升到你的意识层面，就可能会令你感到不愉快，那是因为随着时间的流逝，许多原本对你非常重要的东西都被逐渐封锁压抑到了意识的最深处，因而消失在潜意识里了。而其最根本的原因或许就在于，你曾经因此而遭遇过谴责，受到了伤害。

第二条捷径：认真考察一下，在你的伴侣身上，有哪些性格特

征是你所不喜欢的。下面的观点听起来可能会让人很不舒服，但它却是真实的：正是那些你在伴侣身上不能容忍的东西，向你透露着某种重要的信息，它们恰恰折射出你内心之中被压抑的部分，从而让你发现自己的阴影。可能他总是悄悄地躲开你，那么，请坦诚地问问你自己：你究竟有多渴望放开自己，还自己一片自由的天空？或者，她总是紧紧地拽住你，似乎总想从你这里得到什么？请同样坦诚地问问你自己：究竟从什么时候开始，你不再向对方展现你的内心世界？你的情感已经冷冻到了什么程度？而你又是多么严格地控制着自己，不让自己去满足情感的需求？

最佳捷径：敞开你的心胸，真诚地面对你内心的敌意。哪怕这份仇视和愤懑是令你难以下咽的，你需要知道，正是让你耿耿于怀的一切和你有着难解难分的关系。而你的敌意也是你天性的一部分，特别是在自我分裂的层面上，它显示出你内心深处的自我敌视和自我拒绝，这些都已被你深深地抑制到了潜意识层面。

毫无疑问，面对并接触他人身上我们不喜欢甚至仇视的那些特质，需要很大的勇气，但这对我们也很有帮助。当我们接近这些特质时，就会发现，它们所显示的，总是与我们特别想要的东西或特别想要成为的人背道而驰。因此，它们会令我们感到不舒服，我们不喜欢它们，哪怕它们本来就是我们的一部分。但是，当我们可以接受自己内心的阴影时，我们就能学会放松地去生活，从而不断在生活中发现更多的可能。

爱自己　不要只是思考，开始行动吧

当你做这个练习的时候，肯定会遇到阻力。对此我们的忠告是：不要总是思考，而是把你对这些问题的回答写下来：

我的伴侣身上有什么是我所不能接受的？谁是我的敌人，或者我对谁的批判和抨击最尖锐，不留情面？

接下来：这些又跟我有什么关系？这些人指明了我的哪些问题？我身上有哪些特质是我自己不愿看清楚的？

首先要搞清楚的是：如果我能接受那些我一贯拒绝的，那么我的生活会如何？如果我不再是那个可爱、善良的我，那会怎么样？

如果有一次，我终于看起来冷酷无情，毫无顾忌甚至惹人讨厌，总算可以不去关照别人而只关心自己，那又会怎样？

如果我不再是那个聪明智慧、总是能解决各种问题的我，不再是那个总能迅速抓住问题关键的我，那又会怎样？

如果我与我的伴侣分担所有混乱无序的感觉和模糊不清的渴望，那又会怎样？

勇敢去爱一只青蛙吧

Beziehungsglück ist alltägliches Glück

前面我们所讨论的，都是长期且稳定的伴侣关系。在这里，我们将要介绍给大家的内容是作为单身的你也可以尝试去做的。因为“爱自己”的所有技巧和窍门都是指向内在的，它跟你在外部世界所拥有的东西和所作所为并没有多大关系，也不取决于表面上你是否能找到你想要的理想伴侣。

或许你长期以来一直保持单身，或许你误以为自己是个在两性关系中跳来跳去的人，总在寻寻觅觅中期待着新的理想伴侣，随后，你又会失望地发现，为何这回又没碰到合适的理想先生或完美女士？如果是这样，你就应该干脆停下脚步，真切地探究一下事情的原委。

看起来你好像真的是满怀希望地在寻找，但你是真的希望敞开自己的心扉，从内心深处去接受一份情感和一个人吗？当你这样想的时候，你是否不得不承认，其实你内心的某一处怀有极大的恐惧，没有安全感，害怕真正的靠近，更害怕可能造成的伤害呢？你有没有意识到，就在这一个你怀抱希望不断寻找的同时，另一个你却一而再再而三地吹毛求疵，恨不能从鸡蛋里挑出骨头？或者，你所选择的那个伴侣根本就是你无法企及的？

现在，请允许自己踏上一场爱的冒险之旅，下定决心给青蛙一个吻。你可以为自己做一个决定，让自己投入到一个普通人的怀抱，很可能此时此刻他就站在你的眼前。当然，这个决定并非一锤定音，你不必为此感到焦虑恐惧，也不是一定要寻找到一个最佳人选才可开始你的旅程。行动的目的就在于，相对于你内心涉及情感关系的那些天真而理想化的想象，你需要投入到实实在在的情感中去建立一份现实的伴侣关系。哪怕最后你会发现，你不过是和一个极为普通、毫不起眼甚至有缺陷的人走到了一起。

如果你可以跟这样一个人实实在在地相处，不断发展你们的关系，那么你就向前迈进了一大步。逐步接近你内心的恐惧，同时也意味着你在迈向爱情。爱本来就与那些人们认为老掉牙了的品德有关：真诚、接受、同情心、宽容、耐心以及坦率。而发展一份关系的迷人之处就在于，你会对自己变得更加温和与宽容，同时学会与自己的不安全感和平相处。这些东西是很难仅仅用头脑去理解的，只有通过尝试才可能体会到。

你越是选择去爱自己的弱点，就会变得越来越独一无二，且越来越值得被爱，同时，你也会改变你的伴侣。

西蒙娜就是一个最好的例子。很长时间以来，她都不得不过着独身的生活，许多伴侣都被她拒之门外。当她在与我们交谈的过程中终于找出那个最厉害的“关系杀手”时，她对自己感到非常困惑。她，一个看起来能够掌控局面、喜欢制订规则的女强人，动辄一纸休书就将男人打发了，可到头来却发现，其实是她自己在潜意识里有着深深的恐惧：极端害怕自己被男人抛弃。她抬出的高标准不过是在帮助她逃避对情感的投入，以保护自己不会受到任何可能的打击与伤害。对西蒙娜来说，她需要首先去认识自己隐藏在冷静无情外表下被抑制的恐惧。然后，作为女人，她也要让男人明白，自己需要安全感和洞察力，才能放心地投入一份情感。令人惊讶的是：此后，西蒙娜遇到的男士，都与从前完全不同了。虽然她对他们也不是一见钟情，感觉他们就是她要找的那个人，但在随后的现实生活中，却都能够凭着感觉善待对方。

我想这个例子已经彻底颠覆了最大的爱情神话——“从此王子和公主就过上了幸福生活”的完美爱情！如果我们梦想一份完美爱情，坦白说，其实就是我们在梦想着购买关系。我们期待着一个完美的伴侣出现，好通过他来实现我们所有未能满足的需求。其中暗含的问题是：我找的那个人应该是特别出色的，这样他才能平复并消除我自己的不安全感。而这样的一个要求，是任何关系都难以承载的，结果往往就以关系失败而告终。

另一个同样混乱的想法就是：“现在我们结婚了，于是，一切都会变得美妙无比。”让我们再来做一次关系数学：伴侣离我们越近，我们同自己内心的恐惧与受伤感也就越接近。一位智者曾如此概括道：“从你爱上一个人的那一刻起，从王子到青蛙的蜕变过程就自然而然地开始了。”因此，你还是冒险投入一场真正的奇遇之旅吧：去爱一只青蛙！最终，你会发现自己也变成了青蛙。

爱自己　　将青蛙奇遇进行到底

诚实地问一下自己：我在什么情况下其实就是一只青蛙？我究竟害怕什么？我究竟在顾虑什么？是我的羞耻心

吗？还是我的关系恐惧症？一只青蛙该如何来配我呢？

最终你会惊喜地发现：如果他确实与我很般配，那么，是不是他也会有顾虑，感到羞愧甚至害怕关系呢？

答案是：一点儿没错！

所以你应该继续地问下去：

现在我做好准备了吗？跟另一只青蛙一起，一步一步地卸下我们向外界所展示的光鲜面具，从而穿过我们内心的恐惧，去承受日常生活下的压力与羁绊，真正投入到生活中去。我是不是已经可以与他一起，逐渐变成一对青蛙伴侣，共同将我们的青蛙奇遇继续进行下去呢？

四步骤送你抵达幸福的彼岸

Beziehungsglück ist alltägliches Glück

我们在本书中主要讨论的是如何在保护自己与获得幸福两者之间获得平衡的方法，这些方法看上去似乎非常神秘，而实际上却没有那么难以捉摸。只要我们能够在日常生活中坚持 4 个重要步骤，就一定能够抵达幸福的彼岸。

步骤 1：活在当下。每当你的生活和伴侣关系兴起波澜的时候，请停下你的脚步，然后学会静观冥想，而不要立刻投入其中，哪怕在开始的时候，你可能会身不由己，产生一种随时都会被风浪卷走的感觉。请想象自己是一个不带成见的旁观者，置身于高台之上，超然世外，客观地审视眼前发生的一切，静静感受当下的每一分每一秒。你看到了什么？究竟发生了什么？你能学到什么？

需要注意的是：你要坦诚面对你自己！当下所发生的一切都与你脑海中的想象无关，此时此刻，重要的不是你所做的解释与判断，而是你如何看待你的伴侣关系，在这一瞬间真真切切发生的事情。

步骤 2：走入内心。请关注你的内心，感受你的身体，将你的注意力投射到你的内在世界。通过一些练习，你可以学会从自己的内在去寻找一种姿态，来应对外部世界的喧嚣与纷扰。

你的伴侣是不是很少在你的身边，且对你缺乏关爱？那么，现在的重点不是像你往常所做的那样，对他抱怨不断，一味地希望他能够因此而有所改变。你要知道，没完没了的诉苦与埋怨并不能改变任何事情。所以你要做的是，追根溯源。当你独自一人，没人陪伴的时候，当你不必等待一个人回家的时候，当你的伴侣和他人奔波在外，为工作而忙于应酬的时候，你内心的感受如何？你的腹部产生痉挛了吗？你是否感觉有一股怒气和不满在胸中翻江倒海？如果你能够抛开所有与实在感受相对立的理性想法，那么在很多类似的情况下，你就会体验到一种孩子气的感觉，这种感觉在其他时候都曾令你的生活变得沉重：对孤独的恐惧，对背叛和被抛弃的恐惧，以及对被人欺骗的恐惧。

如果你感到孤独，那是因为你的潜意识里存在着对他人的评判，你的内心被不断弥漫扩散的恐惧所占据，对现有关系的恐惧和对失去的恐惧都会令你难以摆脱孤独感。

步骤3：感受父母。你要学习的是，用心去关注这种感受，满怀爱意地拥抱它。请不要急于下判断，也不要问自己为什么。最重要的是，不要试图去摆脱这种感受，即便它很可能会令你感到不舒服。你要对自己说：没错！就是它！这就是那种害怕被抛弃的感觉，那种顿失安全感的恐惧。此时，不要拒绝你的感受，在你的意识中给它一个空间。如果你能好好体验这种感受，并将其融入到你的伴侣生活中，渐渐地，你就会忘记自己是在有意识地这么做，从而让这种感受变成一种自然状态。通过这个步骤，你会获得更多积极的心态和更新的能量，并对自己有一个更清晰的认识。你还会切身体会到，每一种痛苦都蕴含着建设性的力量，会对你的生活起到重要的作用。

步骤4：将潜意识中的恐惧转化为意识范畴内的力量。你会看到，你的生活中总有同样的内在模式会一再地重复出现。不论你以何种方式同你内在的基本结构相遇，出现的总是同样的过程，显示的也总是同样的恐惧感。那看起来非常神秘的内在联系，忽然间会变得无比清晰。在伴侣关系中，有一条无形的规则：内在决定外在。如果你感到孤独，那是因为你的潜意识里存在着对他人的评判，你的内心被不断弥漫扩散的恐惧所占据，对现有关系的恐惧和对失去的恐惧都会令你难以摆脱孤独感。如果你总是选择逃避，总是与对方保持距离，那并不是因为你是一个很酷的独行侠，而是因为，你已经将旧有的伤害隐藏起来，出于对痛苦经历刻骨铭心的恐惧，你宁肯与伴侣保持距离。

如果你能接受我们的观念，体会到此刻你正站在一场发现之旅的开端，由此出发，你将逐步认识自我，随之而来，你便能轻松自在地生活，并在保护自己与获得幸福的天平上找到完美平衡。

爱自己　　幸福伴侣四步骤

迈向幸福伴侣关系的4个步骤：

步骤1：活在当下

步骤2：走入内心

步骤3：感受父母

步骤4：将潜意识中的恐惧转化为意识范畴内的力量

重温激情四射的浪漫热恋

Beziehungsglück ist alltägliches Glück

你是否早已失去了热恋的感觉？取而代之的却是另一种令人沮丧的情绪，情感关系也早已变成了一触即发的雷区。即使并没有硝烟与战火，你也仍然感觉寒意袭人。有时你甚至感觉整个人就像置身于死亡地带，僵硬麻木。没有值得你焦虑担心的具体原因，也不是每次都会想要分手。其实，不管你们现在的关系处于何种状态都无所谓，从某种意义上说，你正处在一个计划之中，就在学习如何获得幸福婚姻的计划中。你只需接受一个必要的前提：伴侣关系是有规律可循的，而不像一辆马车，失去了控制就只能任其横冲直撞。伴侣关系恰恰为你的个性发展提供了最重要的空间。

每一段关系都是由不同的发展阶段构成的。你只能有意识地去选择，是要认识其发展的规律，还是要放任自流，走到哪里算哪里。因为无论你是充满好奇地观察，还是蛮不情愿地拒绝，都不能改变其发展的规律。在第一种情况下，你会说：噢，现在，我们已经进入到了这个阶段，看来，我们正好可以学习这些东西了；而在第二种情况下，你却会说：哎呀，我们翻车了，再也走不动了！我们全都做错了！

此刻你是不是很想知道，自己正处在哪个发展阶段呢？既然你在阅读这本书，那么很可能你已经不是处在情感关系发展的第一阶段——浪漫热恋的阶段了。坦率地说，大部分情感关系都始于某种令人陶醉的相遇。你还能回想起当时的情形吗？不知怎么的，你就跟吸了毒一样心醉神迷。虽然你还几乎不认识对方，甚至完全不知道他是谁，却已经对所有的朋友说，你碰到了一个非同寻常的人。他在你这里享有特殊待遇，他看起来异于常人，身上散发出前所未有的光芒。你对他的爱是非同凡响的，就好像你从未迸发过那样炽热的情感。

真爱的秘密就在于：你越是关爱自己，就越是能够确信，你可以给予对方更多的爱。

而你的失望也会是前所未有的。你活在一个完美的幻想里，内心世界中那个理想化的形象同现实生活中这个具体的人几乎没有任何关系。当你初陷情网时，你只肯一厢情愿地坚信，现在终于等来了一个理想伴侣，他将为你的生活带来你内心期待已久的一切。于是，这个人就成了一个“备件箱”，里面装着所有的零配件，以便将你重新组装成一个崭新而完整的个体。可惜的是，这样一个人只怕时至今日还无处可觅。然而事实上你并不需要这样一个人。如果你真想要获得长久的幸福，就只能从你的内在去寻找完整性。不过，这也不意味着，你不再苛求对方的完美，就要转而苛求自己的完美。这只意味着，你应该去接近自己，并从内心去寻获你自身的力量。

一旦你体验到自己的潜力，就不会再如饥似渴地企望得到关爱与支持。于是，谢天谢地，你深爱的那个人终于可以不必符合你心目中的形象了，他终于可以抛开所有的面具，回复他本来的面貌。

你还觉得不够满意吗？在此，我们并不想充当游戏规则的破坏者。如此美妙精彩的热恋当然也蕴含着积极的一面。它会引领你跨越障碍，战胜恐惧，它会告诉你一切皆有可能。它会向你指出你的潜能，以便你能承受一段关系，直到作为伴侣的双方都做好准备，摆脱内心的恐惧，消除自我防御机制，彼此坦诚相对，鼓起勇气，共同成长。但值得警惕的是，浪漫热恋同时也会向你展示如何获得心醉神迷的快乐，而这一点却只能建立在“毒品”之上，因此也不过只是梦想世界的一种幻象。

在本书中我们只会涉及这样的问题：如何远离“毒品”和“神话”，在现实生活中获得真正的快乐？如何使普通人在日常生活中获得长期的幸福？这绝不是幻想，而是真实可行的，对于这一点，我们相信你已经有所了解了。

爱自己　　回想热恋时的细节

如果你恰好丧失了热恋的感觉，那么你该做的练习是：回想你们在热恋阶段的所有细节，越细致越好。你不要让自己沉浸在充满痛苦的渴望之中，而是要用当初的感觉来激励自己，与你的伴侣一起，共同努力走出被动的僵局，进入继续发展的新阶段。接下来，你还有不少路要走哦。

昔日的梦中情人，今日的床头死敌

Beziehungsglück ist alltägliches Glück

我们刚才提到了限制享乐的问题。关于这个问题，我们一直想要说明，热恋状态就如同吸毒后产生的快感，其中必然已经埋下了失望的种子。热恋有着与所有麻醉品一样的效果：我们越是频繁地摄取毒品（投入热恋），陶醉的效果就会越来越不明显，从而我们产生的落差就越大，失望就会越发强烈，因此我们就不得不一次又一次地提高摄入的剂量。

当你和伴侣跌入现实之后，尽管在你看来，他早已变得苍白且世俗，但由于你们仍然没有选择分手，所以接下来你们很可能就要被卷入到权力斗争之中。在热恋中曾令你如同着魔一般被吸引的非凡之处，此刻恐怕早已变成难以忍受的丑陋。

只有当彼此的距离渐渐拉近时才发现，他是那么地轻浮草率，那么令人讨厌，让你觉得他完全不值得信任和依靠。她曾经充满激情和冲动，现如今却只剩下装腔作势。从前的中流砥柱，在惊涛拍岸之时就已变成了顽固不化的成规陋习。

于是，当魔法消失，当你从沉醉中清醒过来时，争执与吵闹开始粉墨登场了：他为什么就不能重新符合我的想象?！我不过是期待她能再次令我感到眩晕！

我们对自己的认识越是深入，就越是不会在头脑中描绘美丽的图像。相反，我们会越来越多地获得真实的经验，但这些经验却又总是令我们失去安全感，让我们觉得备受伤害。我们固执地认为事情本不该如此，于是，两性之间的战争就此拉开了序幕。

每个人都会选择一个更适合自己的斗争手段。我们这里所说的绝不只是拳打脚踢或大打出手，也不仅仅是指用高压强权去硬性贯彻自己的意愿。权力斗争还包括回避隐藏、拒绝抵制以及其他种种不上台面的方式。比如，哪怕对方张开双臂请求和解也置之不理，任其心灰意冷。类似的情况还有：两个人各行其是。

◆ 当一个想要改变时，另一个则竭力排斥或全力抵制；

◆ 当一个仔仔细细把房间收拾得一尘不染时，另一个则散漫邋遢，扔得屋里东一件西一件，到处都是零散物品；

◆ 当一个希望获得更多的性爱时，另一个则显得兴趣索然，无动于衷。

我们常常搞不清楚，这一切到底是怎么回事。我们怎么会从彼此的梦中情人变成了床头死敌？我们忍不住会问自己，难道这是因为对方只不过是个过度包装的假货？

其实整个事情很简单：我们不过是彼此走近了而已，距离的拉近使得我们将对方看得更加清楚，也更加接近了我们内心受伤的层面，从而也就开启了内心的自动防御装置。

爱自己　　跟着感觉走

当你陷入权力斗争的时候，你能做的只有一件事情：摆脱争端，终止这场循环往复、万变不离其宗的游戏。从现在开始，不要再试图从对方那里去获取什么，你应该努力去拓展自己。尝试接受并采纳伴侣的那些令你发狂的性格特征与行为方式，并将之移植到你的生活中来，看看那会如何在你的身上发生作用，是什么样的作用。当然，这并不是说你要把自己变成你的伴侣，相反，这只是意味着：你需要拓展你的心理疆界。

如果你生活得特别有规律，习惯于一切都是井井有条的，那么，不妨学习忍受一下无序与散漫；如果你特别有责任心，而且对孩子的健康成长非常在意，那么，不妨尝试一回，跟孩子们一起吃薯条和汉堡，在电视机前度过一个轻松愉快的夜晚。让我们将这些美其名曰为“跟着感觉走”吧。秩序和规则并不总是刻板的，也未必总是在限制创造性的。或许，它正是可以最终引导你抵达目的地的关键点呢。

分开不可能，捆绑亦不愿

Beziehungsglück ist alltägliches Glück

当粉红色的浪漫热恋逐渐开始褪色，许多伴侣在走过充满争执、拉扯以及竞争的阶段之后，被耗尽了精力与情感，终而决定分手。

如果双方没有选择分手，却也不曾在更深的层面增加对对方的了解，便会掉入随之而来的下一个泥沼。现在，两个人不再争执不休，彼此间陷入了僵持阶段。此刻问题的焦点变成，究竟是要独立还是要相互依赖？在经历了权力斗争阶段之后，作为伴侣的双方都心如死灰，筋疲力尽，不得不开始调整彼此的关系，尽可能在彼此相对的位置上保持必要的距离。于是就出现了这样的局面：一个现在要竭尽全力保持自己的独立性，全然一副酷酷的牛仔模样；另一个却渴望彼此接近，因而不断试图要抓住对方。

即便是在此时此刻，也不要贸然地急下断语：如果你是那个试图抓住的人，不要以为自己就是那个可怜的弱者。从表面上看，似乎总是你在尽最大努力来维持你们的关系。你不断地表示：看啊，我就是两个人中的那个好人，是我在费心费力地使我们的婚姻不致破裂。但其实你又何尝不是在用某种方式，试图攀上一个更好的地位呢？

事实上，你和那位酷牛仔同样感到沮丧失望。看起来他好像一点依赖性都没有，酷得没边了。他躲到了令人无法企及的远方，但那也只是因为恐惧，因为害怕继续受到伤害。大部分牛仔说到底其实都是敏感易碎的林黛玉。而那些费尽心机、极富牺牲精神的攀爬能手，却往往在潜意识里充满拒绝与偏见，他们常常没有接受并表达自己情感的心理准备。因此，他们只能是用尽全力，试图抓住一点，他们相信，对方必然是使自己满足的源泉：只要他能过来……只要他能关心我，爱护我……只要他能拿出时间对待我……

无论是争取独立还是渴望依赖，这场游戏都不可能给任何一方带来好处，虽然有时它只是蜻蜓点水，但往往会旷日持久。在这段时间里，伴侣双方都生活在暗中嫉妒与猜疑之中，一条无形的锁链捆绑着彼此。这是一种进退两难的境地：分开不可能，捆绑亦不愿。

爱自己　　让我们一起努力找到一条出路吧

在此阶段，你首先要学会搞清楚，这里发生的一切究竟是为了什么。总的来说，在依赖与自由之间的牵扯纠缠，都不过是通过一方的问题来展现双方曾经所受的伤害，只是表现方式不同而已。在一方竭力掩饰压抑的同时，另一方则在不加控制地尽情发泄。

针对这个阶段的情况，我们在此提供一个具体而有效的练习：如果你是希望依赖对方的那个人，就请问问自己——我潜意识里的嫉妒与不安全感究竟有多强烈？然后想象一下，你的伴侣也怀有嫉妒与不安全感，而且其强烈程度甚至是你的两倍！怎么样？难以想象吗？但事实就是如此。如果你能深入地考察，就会发现并证实这一点。

接下来，请坦率地承认，自己已经很久都没有兴趣和热情，去寻求彼此靠近，设法丰富两个人的感情生活。坦率地承认，这一切都源自于你内心的愤怒。你对于不得不一再乞求爱情而感到无限痛苦，对于导致你痛苦的伴侣充满了强烈的怨恨，你甚至不断地向你的朋友抱怨，你觉得自己只是在麻木中维持关系而已。

此刻你已经知道，你们的共同之旅应该朝什么方向发展。不要再做自己恐惧感的奴隶，请尽快站起来，听从你潜意识中的感觉。它们需要更多的空间。你不仅需要外部的距离，也需要内在的空间，只是这点你到目前为止还没有意识到而已。

如果你能够确确实实地坚持下去，在你的伴侣关系中就一定能看到变化。如果你占据了真正属于你的位置，你就会看到，一直以来你抓住对方的种种努力，其实都是在试图掩盖一些什么。而在你们伴侣关系的中心，本来就有一个位置是虚位以待的：与你的伤害实实在在地相遇。

现在当你们彼此接近时，有一句重要的话是给你们双方的：我不知道现在该怎么做，也许我们可以一起努力找到一条出路?

用真心去解冻冰河

Beziehungsglück ist alltägliches Glück

到此为止，我们已经历了两性关系发展的各个阶段，从热恋的陶醉，迈入到权力斗争，随后又坠入争取独立与渴望依赖的泥沼，如果到此你们还是没有分手，但又仍然未能理解决定行为的深层动机，并利用其来改变你们的关系，那么，摆在你们面前的就只有一种可能：进入内在的冰河时期。

不知道从何时起，你开始被一个念头所纠缠：难道一切就应该是现在这个样子？其实我们之所以还待在一起，完全是因为习惯……因为孩子……因为房子……而我们的伴侣生活早已不过是例行公事而已。在这个阶段，两个人之间所剩下的，就只有对外的事物性活动，分开的卧房，双重生活以及虚假的性高潮。冰河时期所反映出来的潜在问题就是内在情感的失落与退缩。曾几何时，我们在生活和伴侣关系中受到伤害，有过痛苦的经历，但我们却没有勇气向我们的伴侣展示这个伤口，我们宁愿一步步退缩，扮演着不属于我们的角色。如此这般，两个人渐行渐远，我们的伴侣关系也终于慢慢地失去了活力，从而走向枯竭。

如果你已经走到了这步田地，那么请你鼓起勇气，坦诚地面对现实真相：你现在所做的一切都不过是在扮演一个角色，以正确的方式去做这个角色所应该做的一切事情。你继续照顾家人，努力挣钱来供养家庭，你仍然配合伴侣共度性生活。但由于你做这一切的时候是机械的，完全不是发自内心的，这就导致了你的负疚感，并使你感觉自己是在为家庭做出牺牲。大部分情况下，这一切反而又会促使你努力去将那个虚假的角色扮演得更加完美，以便不让任何人意识到，你已将自己的内心深深地隐藏了起来。

要想令冰河解冻，就需要向前迈出艰难的一大步。你必须真心接受过去所承受的所有一系列伤害，设法调整自己的心态。你一定不能再用原有的方式去对待，或许你在采取那些行动时是出于善意的，但结果却只会把你自己推向绝境。

爱自己　改善伴侣关系从改变你的生活开始

请闭上你的眼睛，做一次回到过去的小小旅行：你第一次因为痛苦而紧闭心门是在什么时候？在目前的这段关系中，有什么是你从来没能表露出来的？你绝对不能原谅的是什么？你隐藏不说的是什么？你是否有过这些感觉：没有希望，怀疑绝望，听天由命，无可奈何，心存恐惧？你在探究造成这一切的来源吗？

不论长久以来是什么在困扰着你，请将之唤回到你的意识层面，勇敢地让自己去面对。只有当你重新恢复那些感觉时，你的生活才可能重新获得生机。

请启动你内在的谎言探测器：你会在哪些地方作秀给别人看？当你向他人展示，你都为他们做了些什么的时候，你的内心是如何感到烦恼不快的？

请扪心自问：在以后的14天里，我首先需要做什么，以便能打破我们之间的僵局，令冰河解冻，春风再吹。什么是必须拿到桌面上来说的？什么样的面纱是我最终必须揭开的？

记住，有一点需要做好思想准备：想要改变你的伴侣关系，就要首先改变你的生活。

第2章

爱情，可以不用这么纠结

Die typischen Beziehungsfallen

在世界的各个角落，每天都在上演着令当事人心痛欲碎的分手大戏。

人们竟可以在如此多的事情上犯下种种不可思议的错误。

但是，事情也本来可以是另一个样子。

“爱自己”，就是那个能改变一切的魔法口诀。

它可以带领你走出世上最阴险的爱情陷阱。

分手解决不了任何问题

Die typischen Beziehungsfallen

尽管“爱自己”意味着要更多地搞清楚自己的需求，更明确地认识到自己的底线，但还有一点值得特别注意：“爱自己”绝对不意味着同自己的伴侣告别。如果你的内在不能发生任何改变，那么即使结束关系，更换伴侣，也不可能帮助你真正解决问题，走出情感的困境。很多时候，如果分手不是在个性已经得到发展的前提下进行的，当事人则往往会错失领悟“爱自己”真谛的契机。

分手所能起到的作用十分有限，这就如同打网球时，你想通过更换场地来取得胜利的想法一样，它几乎不会对你有什么真正意义上的帮助。如果你在网球比赛中由于一再失误而导致比分落后，更换场地或许能在一段时间内起到舒缓紧张的作用，令你在变化中暂时调整你的状态。但是，如果你希望的是能够提高自己的比赛成绩，就很难仅靠更换场地来达到目的了。你必须通过训练来提高自己击球的技术，比如改变身体与网球的距离，或改善自己比赛的策略。只有采取这些措施，你才可能取得比赛的胜利。否则的话，你击出的球还是会不断触网。

绝大多数离异都是可以避免的。大部分时候，分手只能解决引发冲突的导火索，而不能解决问题本身。一个人如果在离异之后不改变自己，那么很可能他与下一个伴侣之间的关系也会很快陷入同样进退两难的境地。

在日常咨询工作中，我们一再碰到相同的情况：人们分手后又去寻找新的伴侣，开始时一切看起来的确都不一样了——这一次比上一次感觉更新鲜，更开放，更轻松自如，没有纠结与烦恼，处处充满了激情。然而，令人遗憾的是，随着日常生活在不知不觉中悄然展开，旧有的模式将再次出现，快乐喜悦也渐渐从两人世界中淡化消失了。

如果此刻你刚刚展开一段新的情感关系，不妨尽情享受它带给你的浪漫与精彩，还有随之而来的激情澎湃，以及渴望改变生活和获得幸福的殷切期待。但是，当第一个艰难时期出现的时候，请一定不要因此而抽身离开。要知道，这才是你真正的机会。只有从这一刻开始，你才真正拥有了将浪漫热恋转变为真爱的可能性，所以你一定要把握住这个大好时机，真诚地向伴侣敞开自己，鼓起勇气，去发展爱及包容的能力，去了解自己与对方。

你还可以去学习如何向伴侣展示自己的情感，与他谈论自己，向他划出界限并对他说“不”。你所做的这一切，都是为了与这个人一起，一步步地向着新的关系层面进发，深入一些，再深入一些。

请用你的一生去发现自己的潜能，发现自己的伴侣，即便这样，或许你的时间都还不够去完成这一场充满奇遇的人生之旅。

如果此刻你正在考虑究竟是否要与伴侣分手，那么请你一定要先坦诚地问一问自己：这是否意味着逃离，因为你没有勇气去揭开真相的面纱？你是否只想撒手远去，而不愿认真去实现发展自我的可能性？你是否在第一次鼓起勇气展现你的感知、与他人划清界限以及学会坚持之前，就只想离开？选择分手，你因此就能走上一条最轻松、最没有阻力的生活之路？就能抛开世间所有的不快与辛苦？

有一点我们可以向你保证：两个人共同去深化伴侣关系的努力是没有止境的。一段伴侣关系的可能性只取决于两个人究竟准备向对方敞开多少，能够一同携手走出各自的惯性模式有多远，对各自内在的认识有多深。但是请注意：即便是作为伴侣的两个人，各自经历危机的时间以及过程也不会完全步调一致。这就决定了必然有一方要先于另一方鼓起勇气，独自开始这场充满奇遇的旅途，并由此认识到，能够激发对方开始行动的，不是抱怨与纠缠，而是勇气和独立。只有那种积极向上的全新力量，才能推动对方跟上你的步调，踏上寻求真爱的旅途。

如果你在探索自我的激流险滩面前一再地翻了船，那么你就会由此而认识到自我的一小部分，同时也会认识到对方的一部分。

爱自己　以全新的视角面对过去的经历

请将你过去所有的重要情感关系列成一张清单。针对每一个关系问一问你自己：

令你们分手的导火索是什么，不论是谁先提出分手的？我喜欢这段情感关系中的哪些部分？我们究竟为什么分手？这在我心里引起了哪些变化？通过分手，我不得不改变了哪些个性特征？分手导致我产生了什么样的情感？

重要的问题还有：我能否在我的情感历史中发现一条贯穿的红线，这条红线能够指出我和我的内在本质？今天我能否以全新的视角，看清整个事情的发展脉络，看到自己在关系结束时是如何自助，发展自我的？我能否认识到，一再摆在我面前的重要任务就是鼓起勇气，放手一搏，迈出成长的那一步？我能否在拉开距离之后，看清所有这一切对我的生活所具有的深远意义？

你所看到的，只是冰山一角

Die typischen Beziehungsfallen

在每一段相对固定的长期关系中，人们往往会因为渴望和平共处相亲相爱，而将很多细微的感觉隐藏起来，同时也会因为害怕面对冲突与失去，而不去表达内心的情绪波动。如此一来，许多生机与活力便在无形之中被逐出了伊甸园，伴侣之间也随之失去了很多彼此接近的机会。于是，在不知不觉之中，我们非但没有更加相爱，反而变得僵硬麻木起来，我们戴上了面具，扮演起一个远离自己的角色，渐渐地，我们之间也不再心心相印，而只能在一定范围内彼此沟通。不安全感和怨恨情绪开始在我们的潜意识里不断滋生蔓延，使我们感觉越来越不舒服，不幸福，彼此变得越来越陌生，内心也越来越干涸枯竭。

然而在一般情况下，我们根本无法正确地感知，在日常生活中究竟有哪些破坏性的因素在推动着伴侣关系的发展。我们只是感到自己越来越无助，越来越无奈。随着时间的流逝，伴侣中的一方往往会变得越来越封闭，并将自己的生活重心缓慢地向外推移，因为他心里还抱有希望，期待自己能在外面找到家里所缺失的东西。与此同时，另一方则被失去对方的恐惧和不安全感所控制，不断地向自己和朋友们重申：为了维持我们的关系，我已经做了我所能做的所有一切，而我的伴侣却对此无动于衷。他从来不曾关心我们的关系，因为他从来不曾停下脚步守住自己的情感，只知道跟别人调情……埋头于工作……但事实上，这些问题的出现，究其原因只有一个：这两个人已经放弃了沟通的努力，他们不再试图去分享各自真实的感受。他们只是彼此牵扯纠缠着，却一同滑向深渊。

当你内心充满各种情绪，诸如被疏远、被扼杀、被封锁、孤独伤感、虚弱无助，甚至满腔仇恨时，你的伴侣也许完全不该对此负责。只需要一点小小的理性，不需要任何对心理学具体理论的理解，就已足够为你的伴侣关系注入新的生机。

请你简单地想象一下，你就是一座巨大的冰山，你的伴侣也是一座巨大的冰山。在茫茫大海上，一座冰山露出了尖尖的一角，祈求能够接近另一座冰山，而另一座冰山却似乎不为所动，依然保持在原来的距离之外。那么，在水面之下究竟发生了什么呢？其实，两座冰山间根本就没有任何距离。尽管从水面上看，两座冰山的山尖相距甚远，但水面之下的部分则原本就是一个巨大的冰山体，你中有我，我中有你。

在水面之下，聚集着所有被转移了的感觉，那些不被允许释放的感情彼此重叠交错着。当你试图抓住什么或逃避什么的时候，你的潜意识层面却往往会有完全不同的感觉在彼此碰撞：所有的误解、孤独、小小的伤害、冷落以及许许多多的不在意和不关注——愤怒、无助和怨恨不知什么时候也冒了出来，当然，最终还有失望与厌恶，因为你突然发现，你的另一半完全不是你从前所梦想的样子。

爱自己　找到你的感觉，活在真实中

请问一问自己：你在伴侣关系中热衷于扮演一个什么样的角色？是富有同理心的爱人，还是满足各方需求的供养者？你是一个女儿的父亲，还是一个儿子的母亲？是感性而热情奔放，还是理性而责任心强……

在你们之间有哪些问题从来没有进行过探讨？你们双方在潜意识层面上有哪些敏感点会一触即发？

别再压抑下去了，和你的伴侣一起坐下来，好好就一些问题进行交流吧，这是非常有必要的。你会清楚地认识到，尽管被压抑的感觉一时找不到了，它们也仍然会作为感觉存在，绝对不会自动消失。

但你可以从现在开始做出选择，如何让你的感觉来确定你的伴侣生活：是要选择将感觉压抑到潜意识，以至于在某种意义上毁灭自己的生活，还是要选择有意识地去面对自身现状，生活在真实中。

跟随你内在的感觉

Die typischen Beziehungsfallen

你经历过这些吗？突然间一切都变得非常艰难，你们的关系开始风雨飘摇，如同大厦将倾。你试图控制局面，竭尽全力地去维护大厦的外表；你设法稳住自己的情绪和感觉，尽可能留住对方，不给他任何脱离关系的可能。你想要的，就是把一切牢牢地掌控在自己手中。但是，如果你自己都没有真正去了解情况，又怎么能控制得了这个局面呢？请别忘了：事实上，在意识层面，你甚至对自己的 90%都没有清醒的认识。你就真的相信，自己能有足够的控制力来掌握大局吗？

所以，就算你已经准备接受这无可奈何的倒霉事儿，你对大部分的自我仍旧认识不到，而这些你认识不到的部分，却在潜意识里决定着你伴侣关系的走向。只要你没对自己个性深层的秘密进行加工处理，就无法把握伴侣关系的发展趋势。

没有什么能比伴侣关系更容易让我们的内心世界暴露无遗，也没有什么能像亲密关系那样彻底揭穿我们美化自己的各类诡计。

事情还没完呢，还有一件你无法确切把握的倒霉事儿正等着你（或许你并不真正了解，当然就更别提控制了），那就是，在与另一个人相遇或交谈时，你无法确定你所传递的信息究竟有多少能被对方接收到。对此，科研结果表明：在与他人交换信息的过程中，你所说出来的语言只能起到 7% 的传达作用，而你的身体语言则具有更大的影响力，对于你所要表达的内容有着远远超出 50% 的作用力。

另外，你对他人产生的影响，至少有超过 1/3 是通过你的声调以及声音的传播来达成的。这样算下来，我们才拥有了 90% 以上的表达力。这超过 90% 的表达力就确定了你所要传达给对方的信息，而其中却包含了各种散乱的、不确定的成分，比如声调、表情和身体语言。而你的伴侣想要向你传达的信息也是通过同样的表达方式来传递的。人际关系就是在如此大的范围内，以非语言的方式在潜意识层面发展着。

而内在的发展与外在的交流则以同样的方式进行着！你内在的大部分自我都是你所不认识的，存在于潜意识里的。然而，正是这个错综复杂的内在世界决定了你对他人的影响力，同时也在某种程度上决定了他人对你的影响力。

爱自己　　跟随你的感觉，表达自己

请把自己从话语中解放出来，学习用心去体会环境与氛围，请相信你的感觉。

当你的伴侣跟你交谈时，他散出来的是怎样的气息？触摸会让你感觉舒服吗？它会带给你什么样的感受？或者，你会感觉到内部有什么东西关闭起来？

然后考察一下相反的情况：你接近你的伴侣时，他会不会走开？他会不会试图与你保持距离？

请扪心自问：你接近他是因为真心喜欢他，感觉充满活力还是因为你有求于他，想从他那里得到什么？这是否可以说明，你的伴侣之所以会回避你，是有其内在理由的？

学习更有意识地去生活，真实地去感受你内在的情绪波动与感觉。练习跟随你内在的感觉，直截了当地去表达。这将为你带来生机，帮助你梳理各种人际关系，由此你会变得更加生机勃勃，感觉更加自信。

一声“不”恰是走向真爱的魔咒

Die typischen Beziehungsfallen

也许你感觉自己正在遭遇不公平的对待，伴侣正在绕开你，甚至虐待你。其实，在伴侣关系中并不存在对与不对的问题。作为伴侣的两个人通常总会有不同的行为方式，其差异之大有时甚至可以令人痛苦万分，直至发展为依赖性。尽管如此，“爱自己”的核心原则在此同样适用：只有一个人能够为你的幸福负责任，那就是你自己！你的内心还在竭力反对这个观点吗？如果可能的话，你是不是更愿意让你的伴侣来为你的幸福买单？对此我们只有一句话：只有当你深刻意识到对自己负责的重要性时，你才能彻底走出软弱和依赖的金色牢笼，从而飞向属于你自己的幸福蓝天。

如果你总是不幸遭受他人的虐待和凌辱，那恰恰是因为你觉得自己毫无价值，所以才容忍了他人的这种行为。或许你没有胆量走出来，对那个人说“不”，但那恰恰是因为你不够自信，所以才无法划出底线并充分表现自己。记住，如果你无法离开一个总在虐待你的人，那并不意味着你是出于爱才留在他身边的，相反，你只是出于莫名的依赖，因为害怕孤独，而逃避对自己的责任。在这种情形下，迈向爱的出路只有一条：对过往的种种大声喊停，从现在开始，为自己着想，依靠自己的力量去生活！

如果你的伴侣关系总是充满了激烈的争执，甚至不断分崩离析，那么你需要做的并不是在他身上寻找过错，相反，你需要做的恰恰只是将目光完全转回到自己身上。需要去改变的一定不是你的伴侣，而是你自己的生活。当然这并不表示，你自己才是造成不幸的罪魁祸首，注意，我们要讨论的并不是谁有罪的问题。这里需要迫切解决的是，你应该学会去感受自己的真实需要，然后认真地去对待它。问题的关键不是证明谁更正确，而是找到解决问题的办法。最重要的是，你要学会做出决定，并将你的选择付诸行动。你要知道，忍耐只会导致不满与怨恨。

所以，为了你的爱，为了你的终生幸福，请学会说“不”！“不，这令我感到不愉快！”“不，我不会再忍耐下去了！”然后，你要站在自己的立场上，与伴侣进行协商，坚持将“不”进行到底。一旦你学会了说“不”，你就会惊讶地发现，自己正变得越来越开放，也越来越有安全感。或许在刚开始你还会感到极为诧异，但随后你就会发现，所有的一切都是水到渠成的：你终于找到了划清底线的感觉，你的自尊正在逐步成长，你对自我价值感正在逐步增强。而良好的自我价值感不仅对你的伴侣关系至关重要，在你生活的其他领域也同样具有重大的价值。

如果你想要对一个人说出：“是，我愿意！”那么“不”恰恰就是引导你走向那里的魔咒。

在这条发展自我的路上，你终会发现获得真爱的核心原则：只有当我肯定自己的价值，并且有能力满足自己的一切需要时，我才有资格去接受另一个人的爱。

但是，你要注意：请不要想当然地把说“不”同拒绝或反击混为一谈。我们的目的是找出自身的问题：现在我可以为自己做些什么？而不是：现在我可以采取哪些措施来对付那个人？记住，即便在说“不”的问题上，你仍然应该将关注的焦点对准自己，对准你的幸福。

爱自己　什么时候该喊停？找出你的底线

为了你的爱，请你找出5个“不”来。我的底线在哪里？我究竟什么时候该喊停？然后，请至少在具体生活中说一次“不”。

请你问一问自己：我希望我的伴侣或其他人在哪些方面有所改变，在这些地方我认为他们没有尊重我的价值，令我感觉受到了伤害？伴侣的哪些行为和态度已然令我忍无可忍？但你必须接受这个现实：如果你自己不去改变的话，你的伴侣也不会有任何的改变。当你认清这一点后，请写下5种可能的方案，列明你将如何针对伴侣的行为和态度说“不”，以此来改变自己的行为和态度，使你的生活不再受对方及其举止的影响。

在较为极端的情况下，你还可以采取拉开距离的方式，甚至完全脱离对方。我们称这个过程为“心灵离异”，或者“情感分居”（请参考第5章的相关内容）。那是一种内在的分离，从表面上看来，你和伴侣仍然生活在一起。你之所以留下来，是为了去解决那些对你不利的问题，而不是一味地去逃避。

只有投入才能获得真正的解放

Die typischen Beziehungsfallen

学会说“不”是获得真爱与幸福婚姻的必要条件，对每个人都很重要。同样重要的是，当伴侣提出过分要求的时候，当对方的行为方式深深伤害到你的时候，你要学会向对方划出底线，表明自己能接受的程度。这些原本都是无可非议的，只是很多人都必须通过学习才能做到。

成为夫妻，就意味着彼此承担责任，相互关照，相互给予并滋养；情侣则意味着彼此接受，相互发现，寻找乐趣并彼此欣赏。

我们非常希望“爱自己”的方式能来给你勇气，帮助你摆脱伴侣给你的制约，令你走上为自己负责的道路。但这条路并非坦途，尤其对很多男性来说，它有时甚至会变成崎岖难行的羊肠小道，划出底线往往会变成自我封闭。此外，不排除一些人会出于对自己的担忧而选择逃避。

那么，你要怎样才能分清划出底线与自我封闭的区别呢？关键在于，当你为自己划出底线时，你的行为是有意识的，充满力量的。相反，当你采取自我封闭的态度时，你的行为是无力的，背后往往隐藏着脆弱的感觉，你的内心也充满了抵触与拒绝：如果我的伴侣不能满足我的期望，那我也不想再努力争取，干脆大家都放弃好了。

请你警觉起来，真诚地面对自己，不要自欺欺人。如果你总是用潜水员的方式去面对矛盾，遇到问题就迅速进入潜水站，寻找机会立刻潜入水下；如果你总是回避一场令你感到不舒服的讨论甚至争执；如果你刚从一段困难的关系纠葛中挣脱出来，那么，你在实践“爱自己”中所面临的，不是学习如何说“不”，而是学习如何再次敞开自己的心扉，让自己彻底投入到一份情感关系中，去表达自己，展现自己，相信自己的感觉。只有这样，你才能获得自由解放。如果你总是感觉自己必须时刻保持良好状态，随时满足伴侣的任何要求，但同时你又被这种感觉压得直不起腰来，那么，只有学会相信自己，学会不再逃避，你才能摆脱这一沉重的负担。

爱自己　　走出抗拒，坚持做自己

请先做一个小小的练习：仔细探究一下，这些词汇带给你的感受：投入……信任……敞开……

你感受到内心的抗拒了吗？如果是这样，那么此刻你不必刻意去做什么，只要单纯地去接受这份抗拒的感觉。或许这是你第一次有意识地感受内心的抵触，那么你可以给自己一点时间，先去有意识地感受一下内在的拒绝，慢慢地你就会找到感觉了。

也许你会发现，你根本不知道该如何面对伴侣，你的内心没有安全感，非常不自信；也许你完全不清楚自己该说些什么，你感觉灰心丧气，变得想要听天由命。无论它是什么，请试着去接受它。

在每一种拒绝的背后都隐藏着恐惧，即便你可以举出各种可能的论点来试图反驳，你的拒绝中都存在着感情，这一点毋庸置疑。根据“爱自己”的观点，你所能为自己做的最好的选择就是：承认并接受这些感情，甚至鼓起勇气，试图与你的伴侣一起探讨这些潜在的情感。

然后，请你再做一个难度稍大的练习（其实也不过是小事一桩）：告诉自己你不必始终完美无缺。你不必做出确切的解释，也不需要解决问题的答案。

要想彻底改变自己其实并不困难，你只需要在走向伴侣时带上你的感觉，哪怕你自己也不清楚自己的感觉究竟是怎样的。但有一点需要注意：你不要期待他会做出完美的回应，就如同在学习说“不”的时候一样，你做这一切是为了你自己。你的伴侣会一如既往地做出相应的表示，你不必去理会他的反应，而只需坚持走自己的路。你只是接近他，真诚地对他敞开你的心扉，以便自己能摆脱内在情感的隔绝与孤立，从而获得心灵的自由。通过练习，你会逐渐了解到，如何展示自己模糊而脆弱的感觉，由此，你也会逐渐感觉到，自己变得更加开放，更加自信。你还会从中学习到，如何通过与他人的直接交往获得更多的内在联系与真实性。

同时要注意的是，你的伴侣很可能不会马上跟上你的脚步，或者他会感觉非常不踏实。请不要因此而丧失勇气和信心，给你的伴侣一次机会，相信他最终会因为你的改变而调整自己。给他一点时间，既然你已经踏上了新大陆，他必然也会重新布局。

再见了！慵懒安逸的舒适生活

Die typischen Beziehungsfallen

或许你的脑海里时不时地会冒出这样的念头：其他的伴侣一定过得比我们更精彩。说不出什么道理，那个新来的女同事看起来就是更神秘更有活力，而你能期待的却只是晚上一起坐在电视机前；你在展览会上遇到的那位男士似乎就是比你的那个他更深刻更有趣，而他连在家照顾照顾你们的孩子都实属例外之举。

如果你现在正好有一种感觉：见鬼去吧，我现在就是需要一针兴奋剂，那么，我们可以告诉你，你需要的其实并不是兴奋剂，而是勇气。你需要勇气来向自己提出一些问题：我该做些什么，以便将我的生活和伴侣关系从无聊的例行公事中拯救出来？为了获得安全感，为了能和平相处，我可以做出哪些让步，来适应这份伴侣生活？

不论在哪里，只要你感觉到需要兴奋剂来刺激自己的欲望，那么真相就是：你需要重新省视一下你惯常的生活轨道。为此，你需要勇气，问问自己：我是否已经准备好要摆脱一贯以来安全第一的思想观念？我能否走出目前这种舒适安逸却如死水一潭的生活状态？我敢不敢同伴侣一起正视我的真实情况？

也许你现在会说：这我可做不到，我需要的是和谐的伴侣关系。

这种表达我们已经听过太多，也了解得太透。这不过是一种借口，好让说这话的人不必深入到伴侣关系的核心中去。如果你为了获得外在的和谐，不惜采取中庸之道，压抑你自己内在的感觉，那么其结果必然会伤害到你自己。所以，希望你能时时控制住自己。如果你长期都试图将负面的感觉隐藏到“和谐”的名下，你的内心就会筑起一座堤坝，将所有的情感和情绪都封锁起来。堆积起来的情绪就像炸弹一样，随时处在被引爆的状态下，总有一天，你会忍无可忍。

如果你长期为了和谐而一直都把负面情绪隐藏起来，那么，你现在的首要任务就是：学会如何处理愤怒、气恼、沮丧和麻木等负面情绪。只有完成了这个练习，你才能重新经历所有那些积极愉快的情绪：激情、活力、欢乐……请不要再执著于那份辛辛苦苦维持而来的和谐，你需要经常揭开遮掩负面情绪的盖子，让它们烟消云散，并将压力转换为生活的动力。

但这绝不意味着，只要你觉得哪里不合心意，就可以随便发泄怒火，甚至随时将愤怒倾泻到伴侣的头上。揭开负面情绪盖子的第一层意思是，你需要学习如何让你内在的感觉重新流动起来。

我们的内心并没有为积极的情绪和消极的情绪划分出不同的空间来，因此，当愤怒被掩盖时，这就意味着，生活的快乐也同时被掩盖了。

只有当感觉处于流动之中，你才能够去表达你的感觉。你可以仔细观察一下小孩子的表现：5分钟以前他还在哭得全身颤抖，上气不接下气，此刻他却已经哈哈大笑，前仰后合。孩子的感觉总是处于流动之中，没有受到任何阻碍。我们都曾有过的那样的感觉，然而，经过时间的洗礼和岁月的冲击，我们要么变得麻木，不再有任何感觉，要么便将感觉强行控制在自己的掌握之中。这当然会损害我们的感觉。就像我们身上的肌肉一样，如果得不到运动，就会变得僵硬，随之逐步退化，直至无法再承受任何的压力。感觉谈不上好与坏，它只是展现出不同的力量。只要你让自己的感觉重新自由流动起来，它就会不断地处于变换之中。

爱自己　　找回真正属于你的生活轨道

请试着在不同的情境下体会自己的感觉，但不要试图去识别或界定每一种感觉。重要的是去感受，而不是去评判和怀疑，或抓住不放。

当你的伴侣疏远你，将自己封闭起来时，你可能会感觉到：啊，现在我感觉很伤心。当他做了你不喜欢的事情时，你可能会感觉到：啊，现在我心里那股无名怒火正在上升。无论你的感觉是什么，请确切地去感受，努力在你的身体里追寻它们的踪迹，但绝对不要被它们所左右。只有通过这一过程，你才能逐步与你内在的生机建立紧密联系，并使你的感觉重新流动起来。

当你重新关注自己的感觉后，刚开始可能会出现决堤现象。当多年累积起来的愤怒终于被点燃，即使只是一件微不足道的小事，也足以引爆一座愤怒的火山。于是，你的眼泪可能会像决堤的洪水一般夺眶而出。这时候，请不要轻易对自己下判断，就让大坝倒塌，山洪暴发，就让这一切自然发生吧。当堤坝终被摧毁，一切重归平静，所有的感觉就会再次轻松地流动起来。那时，你就会感觉自己变得更加平静，因为你终于又回到了真正属于自己的生活轨道。

“完美妻子”和“称职丈夫”的真相

Die typischen Beziehungsfallen

你需要给自己更多的时间？性生活已经不再令你感到满足？你想去做一些到现在为止还从未尝试过的事？你渴望一场奇遇的冒险？可是，你却一动不动地保持着沉默，并在心里想：我不能这么做，因为我得保护我的伴侣，如果我这么做，他一定会觉得很受伤……他一定无法承受……

其实，你想要保护的不是你的伴侣，而是你自己。你害怕争论，害怕与伴侣一起面对你的需求。你甚至不能正视自己的感觉和需要，甚至不敢相信它们是合理的。

你们之间是否早已省略掉所有针对棘手问题的探讨？而你则像蹲在热铁皮屋顶上的猫一样，总是焦虑得团团转？记住，如果你无法与伴侣交换意见，一切努力都只会使问题变得更复杂，更困难。现在，我们想给你讲一个真实的故事，或许你能因此而受到启发，从而更放松地向你的伴侣展示自己：

一对夫妇来到我们的诊所，原因是妻子有了外遇。与新男友在一起，她感到自己重新找回了生命的活力，一切都变得更加激动人心。新男友热衷于各种冒险活动，是一个以疯狂著称的飙车俱乐部的成员。几乎每逢周末，他都在飙车的路上。当妻子心醉神迷地向我们描述这一切的时候，做丈夫的只是呆呆地盯视着地面，目光空洞而乏味。这就是我们谈话之初时两个人的状况：一对结婚将近 20 年的夫妻，如今已是心墙高筑，相互远离。他们对彼此都感到心灰意冷，离婚似乎早已成了不可避免的结局。但是，他们却不得不按照惯性，继续维持着日常生活的表象，尽各自作为父母的责任。

然而，随着谈话的逐步深入，我们见证了一段拨云见日的沟通过程，难以置信的误解竟一层层地在这两人之间得到澄清。我们发现，那个听天由命的丈夫虽然眼下沉默不语，心门紧闭，从前却也是个热衷于飙车的冒险家。可是，当他们的 3 个孩子来到世上之后，从前充满活力的妻子变得越来越小心谨慎，终于有一天，为了家庭的安全和保障，在妻子的要求下，丈夫牺牲了自己的危险嗜好。而妻子为了做一个完美的母亲，也将自己对生活的所有梦想都埋葬了。丈夫为了照顾家庭，尽量避免外出，因此在职业生涯中一直都被限制在比较中游的位置上。面对这种缓慢发展的僵死局势，两个人从来没有试图沟通过彼此的感受，直到她的外遇被曝光的那一天。如同引爆了一颗定时炸弹，他们的生活终于被炸得四分五裂。于是，他们来到了诊所，坐在了我们的面前。一开始，两个人都是小心翼翼地去尝试重新与对方沟通，就这么多年来一直谨慎回避的话题进行交流。

随后，在谈话进行的过程中出现了一些令人惊奇的事情。比如，妻子开始意识到，自己其实是在寻找一个爱人，一个正如她丈夫从前那样生活的人，但作为丈夫的他，却早已因为她的恐惧和对家庭的责任而放弃了冒险生活。事实上，很长时间以来，他的职业发展一直停滞不前，而现在似乎出现了新的曙光。究竟是什么原因使他在工作上无法打开局面呢？对此，丈夫的回答是："要想实现一个真正的飞跃，我就必须到国外去工作。可是因为家庭的关系，我根本无法离开。"

听到这番话，妻子从沙发上跳了起来，急切地对丈夫说："20年以前我就对你说过，我会跟你到天涯海角的。为什么你根本就没有跟我讲过这些话呢？"

"可那都是从前的事了，都过去那么久了。"丈夫满心疑惑地说。

"这些年以来，我一直都希望你会问问我，我总是期待着，我们的生活里能有什么激动人心的事发生。就是今天，我也还是会跟你到天涯海角去的。"这些话从妻子的嘴里脱口而出，如同决堤之后的洪水一般。

夫妻俩一同回家去了。直到这时他们才发现，在过去的20年里，他们始终在试图保护对方，为对方放弃了自己的愿望和理想。就像我们曾经对这两个人所说的那样，现在我们要对你说：请重新开始为你自己而活！或许这正是你的伴侣生活和幸福婚姻所缺乏的。

爱自己　勇敢表达你的愿望和需求

现在，请收拾起你的心情，鼓起勇气，和眼前舒适安逸的生活说再见。你完全想象不到，如果一方总是为了另一方克制自己的愿望，放弃自己的各种需求，这将会对伴侣关系造成多么大的损害！

你想证明自己，还是更想获得幸福

Die typischen Beziehungsfallen

再没有什么能比我们心目中爱的概念更可怕，更具杀伤力了。

实际上，在大部分爱情关系中相遇的，并不是两个相爱的人，而是两种关于爱的观念，它们就像两个完全不同的世界在相撞。比如，你认为每个重大的日子都必须和家人一起度过，而你的伴侣却梦想着能神秘地到国外去举行婚礼，这一天只属于你们两个人；你觉得阅读是生活中必不可少的节目，而你的伴侣却什么书都不看；你相信人们需要不断维护自己的社会关系，而你的伴侣却始终遵循一个生活信条：我宁愿一个人独自去做引人入胜的事，也不愿和其他人一起无聊地混时间。

从长远的角度来看，几乎没有什么能比固执己见对爱情关系的破坏力更大。如果你过于执著自己的判断，固守于自己的是非观，结果只能导致感情的破裂。因为这个世界上根本不存在绝对黑白分明的是与非。不论你在伴侣关系中赞同和反对什么，其本质都很少涉及普遍与恒久的真理。在大部分情况下，之所以引起争执、伤痛以及权力斗争，都只是因为你们各自固守的观念和偏执的性格特征。

因此，想要获得爱情幸福的金钥匙，你必须脱离固有观念、克服偏执的性格。或许这些年来你一直牢不可破地坚信，婚姻中绝不可以有激烈争执，更不能有人因此失去控制。但现在你却偏偏有了这样一个伴侣，一有分歧他就会失去控制。在此情境中，如果你能放弃自己固有的观念，最终接受现实生活中的伴侣关系，这难道不是更有利吗？虽然生活中有时难免会有磕磕绊绊，但或许你也可以从中发现一些能够给你不少启发的东西。比如你可以试着让负面情绪发泄出来，同时尽可能避免用自己的控制力去实施监督。虽然和伴侣相处有时会电闪雷鸣，但天空也会因此而更加晴朗和干净。无论如何，你要敢于承受暴风骤雨的坏天气，或许，你也可以有意识地脱离一次你习惯扮演的那个善解人意却循规蹈矩的角色。

爱自己　敞开自己，发现生活中更多的可能性

请问一问自己：我是想要证明自己的正确，还是更想获得幸福？我想固守自己一贯的特性，还是更想拥有眼前的这个人，通过他去发现和认识一个完全不同的世界？

请你相信我们：爱情关系能否长期保持，很大一部分取决于你和伴侣是否做好了一切的准备，改变各自的固有观念。有许多事情都需要你们去尝试。在一段有意识培养出来的长期伴侣关系中，最了不起的一点就是，你会不断被要求敞开自己，拥有更多的选择，并发现生活中更多的可能性。同时，这也会使得你自己变得更加灵活多变。正是这个有意识的开放和拓展的过程，能出奇制胜地令你不断赢得更多的能力，由此，你才可以更好地去发展你的天赋，经历你的梦想，打破片面观念给你带来的的限制。

没有最好，适合你就是最好

Die typischen Beziehungsfallen

你是否也像很多人那样，身不由己地被某种理想模式所驱使，不断疲于奔命，追求着梦想中的幸福生活？比如：为了让婚姻幸福美满，我必须拥有自己的孩子，至少每周要过两次性生活，为了让我的伴侣满意，我必须获得成功……我得拥有丰满漂亮的乳房……我要给我们的生活提供足够的保障……

然而，这种理想模式并不能使任何人感到幸福，相反，它带来的只有一个：压力。它会令你感觉自己始终无法满足获得幸福的必要条件，让你不得不处于一种被动的状态，总有一些事情等着你去实现，去追求，去完成，让你觉得有些东西是你享受不起的。其实，理想模式的真实面目就是：幸福杀手！这一点毫无疑问。

那些出现在我们诊所的人，常常会带着这样一些问题来寻求帮助，他们相信自己之所以没能获得幸福爱情，是因为自己做错了什么，或选择了一个错误的伴侣。他们之所以会这么想，只是因为在他们看来，在他们自己身上或者在他们的伴侣关系中，总有什么是不符合某种规则或标准的。当他们还是孩子的时候，这些臆想出来的理想模式就被不断灌输给他们；当他们长大成人后，又从女性杂志及现代传媒中不断获取更多此类信息。我们看到有的人常年以来一直被某些烦恼折磨困扰着，这也是因为他觉得自己没能符合某种理想模式，因此认为自己就是一个彻头彻尾的失败者。对此我们感到非常悲哀。一些女性不断接受各种整容手术，害怕不这样做就得不到丈夫的欢心；一些男性则变成了超级工作狂，每天工作到精疲力竭，为了事业，他们牺牲了自己的生活，为了获得豪宅靓车，他们被巨额贷款压弯了腰。他们之所以无法停下奔波劳碌的脚步，都是源自于这样一种内心的压力：必须拥有更多的物质条件，才能为家庭、妻子和周围的人提供更多保障。

每个人都在寻找自己的路。揭开其他人的面具，躲在后面的那张脸其实跟你一样疲惫不堪，他们也同样在职场中挣扎求生，或对自己的性生活感到不满甚至绝望；他们也同样怀着对亲密关系的渴望，认定自己必须实现这些或者完成那些。

如果你也觉得自己拥有的不够，永远不能达到理想状态，那么也许你现在已到了该放手的时候了。如果你相信自己的身材、伴侣、甚至自己的性生活不怎么符合那些你在漂亮杂志上读到的理想模式，那么我们正好可以对你说：欢迎加入我们的俱乐部。我们每天都会在工作中不断接触到那些满心郁闷的人，他们觉得自己在日常婚姻生活中是一个失败者，因此不得不落得出局的下场。

他们失去了自信的感觉，变得不知所措，认为其他人肯定都比自己在婚姻中表现得更好。其实事情远非如此。由于工作关系，我们接触到很多的人，也因为我们对自己有着清楚的认识，因此我们知道，其他人过得并不见得比他们更好。我们大家彼此之间根本就没有显著的差异。

理想模式总会启动一连串的恶性循环：你会因此而感觉自己总处于匮乏空虚的状态。这些观念会令你沮丧无奈，因为不论你现在如何，你都感觉永远不够。于是，你变得别无选择：你必须继续努力以便争取获得更多。去赚更多的钱，去切除更多的赘肉或者将乳房垫得更高……但这些追求是永无止境的，这些外在的模式与标准是你永远也不可能完全符合的。

在我们经过了多年的婚姻生活之后，尤其是经历了“爱自己”的整个强化训练之后，我们可以告诉你：任何一种我们原来拥有的关于婚姻的理想模式，哪怕是看起来如刀凿斧刻般确定无疑的金科玉律，到头来都只是横亘在幸福婚姻前面的铜墙铁壁。

每一条都只是在消耗我们的感情，拖垮我们的意志，而令人尤为发疯的是，这些模式所阻止的，正是我们每每渴望获得的。而奇迹总是发生在当我们最终放弃了某种模式和观念的时候，当我们彼此向对方袒露出自己的脆弱与不足的时候。总是在那些地方，我们会发自内心地体会到一种感觉：“这回才是正确的！”如今，面对过去的种种挣扎与苦求，我们终于可以释然一笑了。

爱自己　慢慢适应自己，学着接受自己

在此，我们能给你的建议只有一个：请找出那些正在折磨你的关于完美生活的图像，正是那种理想模式令你无法放松身心。现在，请试着慢慢去适应你自己，接受你自己，大可不必为了符合心目中理想模式，而迫使自己去适应那些丧失人性的冷酷要求，你要知道，这些标准只会毒害你和伴侣之间的关系。

当你针对理想模式提出以下问题时，或许正可以从中得

到帮助与解脱：我们俩之间有何特殊之处？他有哪些独特的品性？我有哪些无法取代的特点？

如果你能够接受：虽然现在我们还缺少一些东西，而这些可能都是在生活中应该拥有的，但是，没有又如何，我们能从中学会什么？

让内心的情感再次自由流动

Die typischen Beziehungsfallen

有时候，你会不认识自己。如同晴天里的一个霹雳，你会突然间暴跳起来，大吼大叫，不能自控。然而半个小时之后，你又会莫名其妙地想：天呐，刚才那个疯子究竟是谁啊？有时候，当你面对一个人时，你会感觉张不开嘴，根本不知道该跟他说些什么，你的行为举止简直就像一个怯生生的初中女孩。

这到底发生了什么事？告诉你吧，这正是激情泛滥的杰作！那些早已被你压抑到潜意识中并堵塞在你内心深处的冲动，就如同一群脱缰的野马一般横冲直撞，一发不可收拾。这些爆发出来的情感与充满生机的活跃完全不同，它们不可能令我们的生活变得更有价值，也无法令我们更靠近生活本身。虽然这些跳跃性极强的情感会在一瞬间爆发，却不能使我们与自己的过去相联系。一般说来，我们认为一种情感只能延续几秒钟，人们可以在这个时间段内感知到它的存在。喜悦的感觉出现时，人们会体会到它的来临，然后这种情感就会在不知不觉中悄然蒸发。愤怒与攻击的感觉出现时，人们也会体验到它的来临，然后再次消失。当下的所有内在情感都是流动的，没有堵塞，没有超载，也没有未经加工过的过去。

但是，我们大部分人都无法生活在情感能够自由流动的纯净世界里。很多人已经在内心里筑起了监狱般的高墙，将自己越发僵硬的情感紧紧封闭在其中。当情感被长期压抑之后，就会变成冲动。长久以来，这些情感不是没被我们感知到，就是感知到后又被我们硬性地压制下去。于是，它们就变成了所谓的“整个未经加工的过去”，是所有你不曾表达过的情感的沉积物。

任何时候，只要你将某些情感强行吞咽下去，竭力克制表达的愿望，令其在天长日久的侵蚀中逐步消失，这些情感就会在你内心中沉淀堆积，而不会自行在空气中消散于无形。于是，日积月累，你就变成了今天的你，时时刻刻对自己严防死守，绝不让那些被压抑的情感有一丝得到表达的机会，甚至，你还会经常防卫过度，显得斤斤计较，小肚鸡肠，因为任何一件微不足道的小事，都可能与“整个未经加工的过去”紧密相连，令你无法释怀。

爱自己　为你的感情冲动列一张清单

请对照下面的情境，为你的感情冲动列出一张清单，虽然这需要勇气和觉悟，但一定会对你很有帮助。

当你遭遇以下情境时，你是否感觉到，自己正被那些堆积在内心深处的旧有冲动所控制：

◆ 你认为正是由于伴侣的过失，才会造成你的不幸。

◆ 你总有一种感觉，你和伴侣被隔绝了——在你们之间似乎横亘着一道看不见的高墙。

◆ 你感觉自己被伴侣抛弃或冷落在一旁。

◆ 你满心都是负面的感觉，各种念头如走马灯一般在你脑海中旋转。

◆ 你感觉很无助，好像成了生活的牺牲品。

◆ 你对自己的表现和反应感到迷惑不解。

◆ 不论你的伴侣做什么，都无法令你感到满意。

◆ 你会不断地说出这类话：“你从来不会……”或“你总是……”

◆ 你很敏感，容易受刺激，或者很爱发牢骚，甚至总是找碴儿。

◆ 一件很小的事情都可能成为导火索，令你忍不住大发雷霆，做出过激的行为。

如果你发现自己在某些地方正如上述所列举的那样，那么你要做的不是责怪自己，也不是检查自己的过错，相反，你要做的是学会理解自己，并揭开过去的迷雾，再度看清现实中伴侣的真实面目，尝试去接受他本来的样子。即便你感觉自己的生活很不幸福，他也并不是那个应该承担所有过错的人。你并不是因为伴侣令你不满，才感觉无法控制自己的感情冲动，实际上，你是在不知不觉之间被自己的过去所俘获，以至无法保持冷静。

因此，为了保持伴侣关系的良性发展，每个人都应该做一个关键的练习：你可以静静地等待，伺机去发现那些因为冲动而失去控制的时刻，在这些时候，你往往无法对他人或自己所处的情境做出清晰的判断。你要学会及时去体会，自己什么时候会被那些属于过去的、未经加工的情感所控制。

但是请注意：此刻绝对不要试图去控制这些情感。重要的是去了解它，并满怀同情地去关注它，这会产生双重效应。首先，你会逐渐摆脱僵硬的情感以及内在的堵塞，重新回归充满生机的生活，让你的情感在日常生活中得以重新流动。其次，你会越来越清楚地看到，你的伴侣或许是引发冲动的导火索，但却绝不是始作俑者，他并没有过失。由此，他会变得不再具有威胁性，而你也不再感到害怕。

这个练习对于陷入困境中的伴侣关系来说，无疑是最重要的一个转变过程。你越是能客观地见证自己的情感反应，就越是能跟旧有的冲动模式保持距离，而你与内心情感的相遇和了解的过程也会变得愈加神奇。在某一瞬间，所有的沉重负担都将消失殆尽，心痛的感觉不见了，而你的心灵会再次敞开。请一定要多加练习，这样你才能学会把握感情冲动的转变，同时抓住每一个生命里的奇迹。

离去的爱人，就让他随风而去吧

Die typischen Beziehungsfallen

你是否有过这样的经历：有一天，你发现所有的努力都白费了，衣柜空空如也，你的伴侣终于还是离开了你。或许你会试图收拾起恐慌的心情，在你的头脑中只有一个令你感觉痛苦的念头还在逡巡不止：不管怎样，我必须重新获得他，他必须回到我的身边，没有他我活不下去。但尽管你会这么想，可实际上你唯一能做的就是放手，让往事随风而去。

在事情刚发生的紧急状态下，从你的角度出发所做的任何唤回对方的努力，往往都是徒劳无益的。只要你的心情依然紧张慌乱，所有支配你行动的最根本动机就只能是恐惧心理，对失去的恐惧，还有对孤独的恐惧。如果你因为恐惧而投向你的“前任”伴侣，试图从他那里寻求支持与安慰，那么他能做的也只有一条：离你越远越好！他必然要拉开与你之间的距离来保护自己。

你真正在意的其实并不是你的伴侣，相反，你不过是围绕着自己的恐惧心理打转。也就是说，事情涉及的不是他，而是你自己。所以现在你要做的不是向伴侣诉苦，寻求同情和保护，而是去面对自己内心的恐惧。你应该接受伴侣离开的现实，绝对避免与他的任何接触，这一点非常重要。当你的伴侣选择离开时，他的行动本身就已经表明，在他看起来，一切都失去了意义，无法再继续下去了。他对任何无谓的努力都已心怀恐惧，无法再面对自己毫无出路的绝望。

在此，我们想提供你一些重要的建议，供你参考，希望能够帮助你度过眼前的分手阶段：

◆ 至少在4周之内，不要做任何试图与伴侣取得联系的尝试。

◆ 尽最大努力去面对自己，感知并接受心痛的感觉。请给自己充分的空间去静养，善待自己。

◆ 不要试图通过电话、邮件或直接见面的方式，与你的前任伴侣继续你们的争论，也不要试图追究导致你们分手的原因，因为在事情刚发生的紧急阶段，你不可能通过理智的观点来与他沟通。

◆ 即便你放下身段，甘心低眉俯首，将你的伴侣捧到天上去，也依然于事无补。哪怕你用爱情誓言、礼物或甜蜜的短信对他进行轮番轰炸，也不可能哄得他回心转意。在刚刚分手的时候，所有这一类的努力都不可能对其有任何吸引力，无一例外，你反而只会将他吓退，使他离你越来越远。

◆ 不要试图唤起他的同情心，希望他能因为过失和责任感而重新回到你的身边，类似的尝试也不会有更多的帮助，因为良好的新开端从来都不可能建立在同情的基础之上。

◆ 当孤独变得难以忍受的时候，我们都可能会试图将其他人牵扯进来。请慎防将朋友或家人争取到自己这一边，或设法令他们加入到你和伴侣的争执中来，希望他们能劝说你的伴侣回心转意。这些举动只会为你增添不必要的对立面，进而丧失了采取有效对策的机会。

◆ 不要攻击伴侣可能拥有的新恋情，这样只会妨碍你自己的成长，并且会令你的伴侣越来越远离你，甚至与你反目成仇。

◆ 还有一个最大的潜在陷阱，你一定要小心绕行：哪怕是在自己最绝望的时刻，也绝不要出于对失去的恐惧而不惜一切代价扭曲自己，放弃自我，妄图以此来取悦伴侣，挽救失去的情感关系。也许你以为，只要将自己变成他一直希望的那样，就一定能挽回他的心，然而事情并不会如你所愿。如果你为了扳回已成定局的分离而放弃了自己的个性，最终毁掉的就是你自己的魅力。

伴侣走了，或许是因为他已经失去了对你的仰慕与尊重，不再向你寻求亲近，也或许是因为他不再能感受到你的吸引力，还有可能是因为他不敢进一步深化与你的紧密联系，只好逃之夭夭。记住，当对方离开的时候，对你就意味着开始了一个清心寡欲的时期，直到你能够依靠个人的力量来重建自己的生活为止。

爱自己　从头开始，承担起对自己的责任

如果你想将正在离去的伴侣重新唤回到自己的生活中来，重新恢复往日的关系，那么办法只有一个：你必须重新找回独立自主的感觉，并建立起对自我价值的确认，在摆脱依赖的前提下，从头再来，设法安排好自己的生活。一句话，你必须重新承担起对自己的责任。只有这样，你才能重新获得

安全感，并焕发出新的魅力来再次吸引对方的注意。

对你来说，这是唯一的出路，不论你希望能挽回伴侣的心，还是希望在你的生活中会有一个新的值得你去爱的人出现。

第3章

男欢女爱，享受全新性体验

Sinnlichkeit und Sex ganz neu erleben

爱，性，情感关系，

所有这美好的一切都源自于激情和肉欲。

但只有当你的心也参与其中时，才会有真正的快乐可言。

努力锻炼，你的生活将随之改变。

祝你走向完美性福！

完美的爱人就在你的内心深处

Sinnlichkeit und Sex ganz neu erleben

你还记得吗？还能想起当初的情形吗？那时候，你敢冒天下之大不韪，去做任何疯狂的事情，因为爱给了你激情，令你快乐无限；那时候，你可以每天只睡3小时，因为爱为你充电，令你欢欣鼓舞；那时候，你可以在一半的时间里完成双倍的工作，因为爱给了你能量，令你永远精力充沛；那时候，美妙的性体验如同灵丹妙药，令你飘飘欲仙……

没有什么能像性这样，使两个身体之间完全自然地充满激情的电流。然而也没有什么比性更令人迷惑，更容易引起伤害和两性关系的确定性。

然而，那时候在你身上呈现出来的一切，如今似乎早已烟消云散，因为今天的你完全生活在社会职责当中，首要的任务便是保证生活正常运转，你已经彻底被责任、常规以及固定的生活日程所束缚，完全失去了灵活支配的自由空间。

在此我们可以向你保证：那个疯狂活跃、游戏人生的你并没有死去——他依然存在于你的内心深处，只不过被掩埋了起来。说到底，我们正希望通过本书的全部课程，将这个你再次发掘出来，核心的问题就在于：该如何唤回你的温柔，你的敏感，以及你的力量和生机？

其实答案你已经知道：爱自己。通过爱自己，你可以学会接受自己，于是你的力量和生机就会重新回到你的身上；通过爱自己，你可以再次承担起对自己的责任，保护自己不再受到伤害，同时重新坦然接受自己的恐惧心理和不安全感；通过爱自己，你可以学会再次向自己敞开心扉。最终，你将可以坦然面对所有一切被你不断忘却和隐藏起来的东西。这些都是从积极角度去感知消极问题的一个过程。当然，你也可以更积极地去做些什么来推动其发展的进程。

爱自己　善待自己，他人也会善待你

你需要为幸福的伴侣关系创造出足够的空间，并张开双臂去迎接美好爱情。

请从自己出发，开始一段爱情故事。你先问一问自己，如果一个人爱你，你希望他能为你做些什么？现在就请你来为自己做到这一点！也许只是很简单的一些小事，比如，为自己买上一大束玫瑰花，或者请自己去听一场音乐会。还有，你希望对方有何表现，为你们的爱情关系做些什么？你希望他放一天假，什么都不做，只与你一起轻轻松松地度过吗？你希望他能提前下班回家？还是更多地倾听你的感受？认为你非同寻常？感觉你的身体非常有吸引力？

那么就请为自己或者为了这份感情去做：为自己请一天假！提前一小时离开你的办公室！请在镜子里欣赏自己的身

体，向它承诺，从此再不会没完没了地抱怨它不够完美了！

也许你还能做得更出格一些？那么请拿起一支铅笔和一张大大的纸，在上面写下你的问题：如果我不再因为害怕而止步不前的话，我会做些什么呢？然后写下10件你可以去做的事，事情不论大小，只要能体现你的勇气即可。如果你非常勇敢的话，那么你还可以对着一个朋友，大声说出你在纸上写下的计划，然后当着他的面，你对自己承诺，在未来的14天里，你将选择冒险名单上的哪一件小事去做。如果你属于意志比较脆弱的人，则可以把这个冒险计划以及迈出的第一步写在一个不会被你忽略掉的地方。

最后，我们还想告诉你一个秘密：所有的爱情关系都只能遵循共振的原理来运转——如果你能善待自己，他人也会善待你。

性是通往爱的大门

Sinnlichkeit und Sex ganz neu erleben

终于，现在我们可以来谈谈有关性的问题了。不过，如果你所期待的建议是关于大胆放肆的性体验，或者如何增加诱惑力的性技巧如何刺激你的性幻想，使其更加狂野，那么，我们只能让你失望了。不过在我们看来，这里所要教给你的，绝对比那些所谓的技巧和方法更引人入胜，也更能令你感到紧张兴奋。

你可以获得一种全新的性体验，它会将你带入感官世界，令你感到充实自在，令你的身体、心灵和情感同时获得最大的满足。这是一种充满亲密感的性，丝毫不会令人感到辛苦并为之挣扎。这样的性体验使人放松，正因为如此，人们可以将各种顾虑和障碍抛诸脑后，从而能够轻松愉快地享受性带来的欢愉。

在此意义上，性原本正是充满诱惑并可以渐入佳境的。因此，不论你是青春年少，还是老境将至，不论你是身材苗条，还是体态丰腴，性永远都可以健康发展。

那么，如何才能享受如此全新的性体验呢？请将所有关于性的技巧彻底忘掉。性的秘密就是爱！有关性的真相就是：性欲并非源自身体，而是源自心灵。说到底，它不是来自外部，而是源于内在。

如果一个人不能了解这个事实，那么终有一天他会发现自己走入了死胡同，被贪婪、色欲所吞噬，或为恐惧、无聊所驱使。但不管是哪种情景，其实都出于同样的原因：作为爱人，他不能在深层次上提供你所渴望的一切。

请坦率认真地考察一下：你是否确实如同传媒和统计所宣传的那样，拥有富于变化且充满激情的性生活？在这类宣传中，一切皆有可能。

你可以具体对照 10 项指标去考察，比如哪些体位最佳，如何才能保持长久，什么最刺激等。但这一切在你身上是否就能轻松实现呢？当你对照各种调查与民意测验来审视自己的情爱生活时，你是否会感到无地自容，觉得自己很无能？而在影院里，银幕上的演员看起来都是那么的美丽动人，其魅力实在令人无法抗拒，这是否会让你不禁感到所有其他人都比你在性生活中表现得更狂野，更奇特，更丰富？

性的核心便是一种完全融合的亲密体验，任何其他地方都不能聚集如此强烈的感觉。

太让人受不了了，是不是？而且令人感觉很不安的是，现如今，性、感官享受以及情色生活几乎无所不在，对每一个人来说几乎都是随处可得。然而，人的身体并不是机器，不可能只是按一下按钮，或者按照说明书进行操作就可以自己运转起来，而身体也并不能如人所愿地对任何刺激和技巧都能做出恰如其分的反应。

所以，性最终会导致失望吗？事情绝不可能这么简单，事实上也并非如此。如果性本身没有包含美妙无比的秘密，也不会成为人们津津乐道的话题。对于这个大秘密，我们大家都有各自的猜测。

但我们相信，性是通向爱的大门。我们之所以对性充满无限的渴望，正是因为它使得爱变得更容易被感知。

正因如此，全新的性对我们非常重要。你需要了解的就是，其实你不必去做任何努力，因为一切都已存在。你只需放松身心，自然而然地去运用你天然就拥有的性能量，虽然这股能量常常因为紧张而被埋没和压制，但它从来不曾消失，始终是你所拥有的一种本能。

与其为了获得性高潮而竭尽全力，对其充满渴望与期待，一切都以此为目标，不如顺其自然。只有这样，你才能获得充分的空间，令你天性中的性趣和爱能够重新在你的身体内不断延展。

全新的性能向我们展现其中的奥秘。只要我们放松控制，顺从身体的引导，不再对性的秘密穷追不舍；只要我们能摆脱因为追求性高潮所带来的压力，不再试图通过各种新奇刺激来强化性行为的紧张感，而是把注意力再次集中到对各种微小信息的细致体会上，我们的身体就能够像磁石般自发地相互吸引，这是一种天然属性。

我们将在后面的内容中深入地阐述如何在现实中实践性的新主张。在当前的初始阶段，我们只需要你做好准备，以一种全新的方式去接受并理解身体发出的各种信号。如果你的身体并没有像你所希望的那样运转，也并不意味着你的身体有任何问题。

请相信它只是在以这样一种方式来告诉你，你还没有揭开它的秘密，你需要给予它信任和支持。同样的道理，如果你的日常性生活恰好出了问题，或者早就存在问题，也并不意味着你或你的伴侣做错了什么。这仅仅表明，现在已经到了同一切旧有的性行为及固有观念说再见的时候了。

爱自己　　你渴望新的性体验吗?

请问一问自己：你究竟想要什么？是继续原有的性模式，还是一种全新的性体验？如果你想拥有全新的性体验，你就需要大胆地迈出第一步：停止一切旧有的性行为，并告诉你的伴侣，现在你不愿意再按原有方式继续你们之间的性生活。完全可以由你开始喊停！

旧有的性模式是一条死胡同

Sinnlichkeit und Sex ganz neu erleben

全新的性是如何实现的呢？为了回答这个问题，还是先让我们将目光投向旧有的性模式。当我们刚刚陷入热恋的时候，或者当一段充满神秘感的艳遇刚刚开始的时候，我们全身的所有细胞都被澎湃的勃勃生机所激荡，我们整个身心都为爱和欢愉所敞开。可是当我们走过这一阶段之后，激情便会渐渐消散，性往往便只剩下一个目的：获得高潮。于是，我们开始陷入困境。

为了实现愿望，我们必须竭尽全力，想方设法直奔主题，在最好的情况下，我们会以爱抚来开始这个程序。即使是这一点也具有明确目的，即为了促使性高潮轻松到来。在旧有的性模式中，很大一部分都属于机械性的运动，涉及的只有紧张与激动。但从自然天性的角度来看，这两种情感往往都只是发生在陌生人之间，尤其是当他们刚刚有过争执之后，或者发生在两个彼此保持距离的人之间。

通常情况下，当我们更靠近对方之后，会感觉更安宁，更信任对方，关系也更和谐，不再有摩擦与贪恋。这时，我们就会需要通过体位变化、性幻想、辅助手段或各种色情电影杂志等作为调剂，促进性的和谐，一般说来，两性关系保持时间愈久，人们所需要的各种辅助手段就越多，以保证两性间的紧张感不会日渐减弱。而当我们经过种种努力终于抵达了目的地——那几秒钟的高潮或射精时的快感，随之而来的便是疲惫、沮丧和筋疲力尽的感觉。我们并没有因此而感到更加充实，反而却更强烈地感觉到失去后的空虚。

旧有的性模式便是这样一条死胡同。行走在这条死胡同中，你接受的就是一条看起来最不可思议的观念：如果两个人长期共同生活，并且彼此相爱，亲密无间，就会失去两性间的紧张刺激感。好极了，现在全新的性即将粉墨登场了，此时此刻，我们可以出发了。

爱自己　　开始全新的性体验之旅

如果你现在放弃对紧张刺激感的追求，尝试一下放松自己，让自己什么都不做，事情会怎样呢？两个人相互约定，不再像往日那样竭尽全力，而是给彼此一些时间，只是完全放松地并排躺在床上，让彼此能从容地感受自己的身体。事情就是这么简单，只需集中你的注意力，细致地去体会身体的变化。你此刻的感觉如何？你的脊背有什么变化吗？你的胸部，你的下体……是不是会有酥麻的感觉？紧张的感觉？祥和的感觉……现在你体会到的感觉是什么？紧绷的感觉？兴奋不安？恐惧焦虑？新鲜好奇……

要想再进一步，大部分人都需要一点内在的推动力才能跨越障碍：请保持自我，与你的身体紧密相连，同时将你此刻最真实的感受告诉你的伴侣。一方描述，另一方保持安静，集中精神倾听。这时，可能会出现好的现象，比如你们会感知到一些长久以来被压抑到意识深处的情绪，也可能会出现一些令人感觉不愉快的现象，比如拒绝与防御，抵触与顾虑，软弱与麻木等。

出现的所有不同现象都是正常的，原本这一切就已经存在，此刻你只是意识到了它们的存在而已。如果你能够满怀爱意地去接受它们，随着时间的推移，这些伤害性的经历就都能得到治疗，你就会感觉越来越放松。这便是全新的性所具有的一项重要的辅助功能。通过全新的性，你能够感知更多，并能以此治愈内心的创伤。刚开始尝试的时候，我们大部分人都会感到无助且备受伤害。如果你也有同样的感受，那么你该为此感到高兴才是，因为这恰好证明了，你已进入了亲密关系的深层。

如果双方都感觉合适的话，你们就可以开始进行下一个步骤了，以一种较为轻松舒适的方式来进行身体的接触。开始的时候，为了更放松惬意，男方可以采取侧卧的姿态，女方仰卧，与男方形成一个直角，两人的腿如同剪刀般彼此交叉。由于此刻重要的并非唤起你的欲望，所以如果你一开始完全没有性趣也没关系。你只需安静地与伴侣相拥而卧，仔细体会身体的变化。

当你以全新的姿态开始寻求亲密关系时，重要的一点在于，你应该首先摆脱一切具有刺激作用的各种技巧，诸如性幻想、体位变化以及理想模式等。你需要学习的是，重新回到此时此地，回到你的身体，在没有任何念头、目标和幻想的前提下去爱，即使刚开始的时候，你可能会感到陌生，甚至没有任何感觉。

请继续感觉并研究自己的身体。在这个过程中很可能会出现一些跟性没有关系的情感，你的身体也可能会自动出现一些细微的变化。你甚至可能会被阵阵袭来的疲惫感所吞噬，感觉你的身体内部似乎已被消耗殆尽。不论出现什么感觉，你只需牢记最核心的一点：顺其自然。

开始的时候，你可能会觉得无趣，沮丧，迷惑不解。然而，一旦你摆脱了压力，就会感受到一种全新的体验：温柔、深入、美妙绝伦。不论你的感受如何，都没有对错之分。因为在开始阶段，最重要的是你如何在更深的层面上去认识自己，学会更自觉地深入了解自己的身体，并尝试重新放开自己的天性。

从这个起点出发，你可以和伴侣一起，一步一步地开始一场全新的充满奇遇的旅程，并将所有的恐惧和贪恋都抛到脑后。慢慢地，你就会发现自己焕发出对爱的全新渴望，而性生活也将变得自然且轻松愉快。

性趣，来自于身心合一

Sinnlichkeit und Sex ganz neu erleben

当你开始尝试实践新的性行为时，可能会碰到一些误区。

对于很多女性来说，最大的危险往往在于你觉得是自己做得不够好，因为你很难获得性高潮，或者，在旧有的性模式中，你根本就不曾体验过那些你本应体验到的乐趣与刺激。请放宽心：你的一切都毫无问题，再正常不过。在性的问题上，男人和女人的区别就在于速度的不同。

这里只有快慢之分，没有好坏之分。因为男性虽然常常可以轻松快捷地达到高潮，但很多人以这种方式获得的只是射精的快感，远远没有体会到来自全身的深层感受，而这种感受却是许多女性在性高潮中能够体会到的。而通过一种全新而自觉的性体验，男性也能获得深层感受。

如果你作为女性，却因为自己越来越强烈地感觉丧失了性趣就认为自己犯了错误，或者，就因为你的敏感、羞耻心和沮丧，你在此前和此后的痉挛，以及体内的不安悸动，你觉得似乎自己缺少了什么说不清楚的东西，怀疑自己在什么地方出了问题，那么此刻，你要肯定地对自己说，一切都很正常。当你缓慢地逐步脱离旧有的性模式时，当你虽然没有兴趣却也配合伴侣行动时，当你麻木冷漠，对伴侣的抚爱毫无感觉时，你并没有做错什么，也没有病入膏肓。你的整个身体系统只是在面对伤害时自动闭锁起来。或许你的身体系统早已一再遭受到损伤，尽管其他人总是在宣称，一切都很好。

如果你长时间以来一直缺乏感知能力，不断为占有的念头、嫉妒、背叛、迟钝或冒犯所困扰，那么你内在的系统就会自动关闭。如果你对此没有更清醒的认识，你就只能感受到身体的敏感性在逐步下降，你会对自己的身体感到羞耻并丧失信任，从而感到无法适应与伴侣的关系。

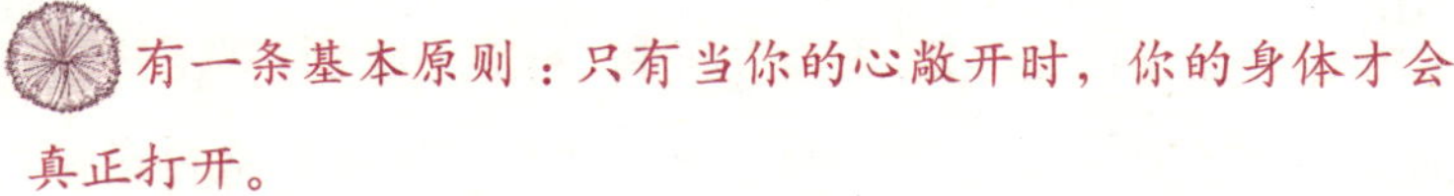

有一条基本原则：只有当你的心敞开时，你的身体才会真正打开。

男性最容易陷入的误区往往是这样的：你对自己说，我根本就不需要这些玩意儿。我为什么要投身于新的性行为，去发现新的欲望，我本来就充满欲望。你坚信不疑：在性的方面，你根本就没有任何问题。你是一个行动者，对你来说什么时候都可以，关于性的念头整天都像走马灯一样在你的脑子里旋转。

尽管如此，请你扪心自问：即使第一眼看上去你显得很轻松，整个人生机勃勃，哪怕你属于似乎永远都有能力再做下去的那种人，你事后感觉如何？或许开始你的确能体会到放松的感觉，此前的压力消失了。但之后呢？你是否又很快地感受到那种空虚？感觉永远也不会满足？永远都需要获得更多？不管你愿不愿意承认这一点，事情就是如此。如果你越来越多地需要性幻想、新的色情传媒或性伙伴，想以此来填充你的性生活，那么，这实际并不能证明你具有非凡的性能力，这只能表明，你在潜意识里不断试图获得亲密关系以及他人的认可。虽然你没有像那些丧失欲望的人那样沮丧绝望，你还在努力奋斗，但却常常如同依赖毒品一样，对性有着难以抑制的欲望，并在内心欲望的驱使下挣扎。

事实上，当你对性的欲望变得贪婪且无止境时，你竭尽全力所寻找的不过是与人的联系和亲密关系，对此你或许并不能清楚地予以区分。然而，你用下体寻找的东西，却只有用心灵才能找到。因此，要想获得全新的性，就必须首先转向你的心灵。而女性对此本就期待已久。几乎没有一位女性发自内心地渴望那些新奇刺激的性表演。大部分女性都因为无法在床上体会到真正的亲密而感到沮丧并抱怨连连。

再不必上演床头激情戏，你只需单纯地任其自然，放松自己。那会是一种什么样的感觉呢？你不妨更多地去体会身体的这种感觉。听起来很不错，不是吗？不过也不要高兴得过早了，因为你首先需要实现的一点是：让自己更加接近你的伴侣和你的心灵。

爱自己 跟自己做个简单约定

除了有规律地去练习新的性行为模式之外，你不需要做其他任何尝试。这不仅对身陷蜗居的女性非常有益，对那些不知疲倦的男性也同样有效。所以，不管你是否有欲望，请坚持练习。跟自己做个约定，简简单单地躺下，慢慢地去体察，感知，交换彼此的感受，然后，让身体的变化给自己一个惊喜。请和你的伴侣一再分享这个过程，随着时间的推移，一种放松自如而充实丰富的全新性模式必将逐步成长起来。

享受性，享受全新生活

Sinnlichkeit und Sex ganz neu erleben

或许你现在会提出一个问题：难道全新的性就是躺下，等待，什么都不做？这听起来似乎一点诱惑力也没有。如果真像这样的话，估计还没进入状况时，大部分男人早就逃之夭夭了。

躺下，等待，什么都不做——这当然只是在开始阶段。这就好像你刚学骑车的时候，你总得先学习保持重心稳定，然后才可能自由上道，快速飞驰。如果你真的想在性生活中重获力量，收获甜蜜而深入的亲密关系，并让自己轻轻松松，释放出所有的情绪，那么你首先就需要学会感知你的身体，自由地表达你的感觉。因此，在开始阶段，逐步缓慢地进入全新的性模式就显得十分重要。

如果你确实想要体会身体的变化，而不仅仅是头脑中的幻象，那么你就需要学习活在当下，并且，不管你的体内出现了怎样的反应，你都能够与之共存。你要知道，沿着这条通向全新性关系的路往下走，你的身体可能会出现各种形式的变化，甚至会有大起大落的反应，你也可能会采取一些唯恐避之不及的态度，由此引来情感爆发、矛盾冲突以及一些可能感觉不甚愉快的身体体验，但你一定要坚定信心，那些都是正常反应，你大可不必紧张担忧。

之所以会出现以上情况，其原因就在于对性高潮永无餍足的欲求，事实上这种欲求已经令我们的身体累积了大量的紧张情绪。长期以来，传统的摩擦运动和过度的激烈刺激已经让我们变得麻木不仁，紧张到神经质的地步。许多男性感觉因不堪重负且对任何刺激都失去了反应，在床上常常表现为早泄或阳痿。而女性则常常表现为性冷淡或性亢奋，变得无法放松自己，她们甚至可能因此而彻底走向了自己的反面，在性方面变得越来越像男性，在单纯机械的动作中彻底迷失了自己。

有一种盛行的想法其实很不靠谱，你应该对此有所了解：如果我逃避一段让我觉得非常困难的情感，那么我就无法再经历其他的情感，哪怕是非常值得我去追求的情感。

所有这些都是在通往全新性关系的途中需要接受并理解的。为了能治愈往日的创伤，我们必须告别对刺激的追求和对性的痴迷贪恋。你需要加强锻炼，使自己能坦然面对刺激，保持平和心态，并使自己不受性幻想的诱惑而偏离了轨道。你需要有意识地与自己的身体保持一致，当身体表示拒绝的时候，能对它给予悉心关照。

你可能会想，这对我来说太难了，还不如停留在旧有的性模式中或干脆放弃这件事。作为男人，你是否根本就不想在床上进行什么讨论，你不需要眼泪，也不需要面对心理障碍，更不想去体会对无能的深层恐惧？但与此同时你却很想有机会能拥有更多的亲密，希望你的伴侣变得更开放，更轻松？作为女人，你是否不愿再去体会令你感觉不快的触摸？或许你不想再次不得不清醒地看到，你的身体几乎什么都感觉不到了？对此，我们的回答是一样的：如果你不能有所作为，最终去接受身体的变化，并信任你的身体，与你的伴侣一同分享这种变化，你的生活就不会有任何改变。因此，你还是应该冒险去尝试一番，是不是？

在本书中，我们能向你展示的只是通向全新性关系的第一步。你心里可能还有许多疑问，但无论如何请你一定要相信：你的身体需要什么，它自己知道得非常清楚。如果你能倾听它的声音，便能很快了解它的需求。

要达到这个目的，你需要时间、勇气、耐心和练习。请你先去享受走在这条路上所能感受到的情感，这样你对于性高潮的执著就会被远远地抛在脑后。因为你会发现，当你仔细品尝此时此地的许多瞬间，而不是执著于某一个单纯的时刻或迷失在性幻想之中，你的感觉是多么的充实。你将在美妙的性发生之后，依然常常感觉到充实饱满，祥和宁静，充满力量，而且与伴侣紧密相连。所有这些都会令你的整个生活焕发出新的光彩。

爱自己　　　放松身体，解放自己

请按照你自己的步调来决定性生活进展的过程。有意识地深呼吸，同时给自己打气。请保持全新的性模式，并尝试清楚地去领会什么对自己有利，什么会打断进程。请与你的伴侣交换感受。这需要勇气，因为在开始阶段可能会引发羞耻感。但这是能令身体重新放松的唯一途径，只有如此，身体才能充分迎接新的深层体验，释放自己。

究竟是爱情还是上瘾

Sinnlichkeit und Sex ganz neu erleben

为了获得美满的爱和充实的伴侣关系，你所能做的最重要一点就是：搞清楚自己的力量究竟源自哪里。因为只有如此，你才能真正开始为自己的幸福负责。你必须去了解什么对你有利，如何才能使你获得充分的营养。但随之而来的可能又是一个新的危险，一不小心你就会跌进一个陷阱，令你裹足不前。

你很可能会把虚假的平和与自我滋养混为一谈，而且不仅仅是在性的领域内。抱着一袋薯片坐在电视机前消磨时间，可能会令你在经历了一天的紧张工作或在一场激烈的争执之后感到放松，但并不会带给你精神上的滋养，也不会让你的内心真正安宁。它就如同跟玩伴出去游荡，不断痛饮一样，不会带给你任何实际的帮助。

其实，你的内心始终都很清楚，究竟什么能使你变得强壮起来，什么能带给你好处，什么能给你滋养。所以，为了能与你内心的这个认识充分沟通，你需要调整自己，集中注意力去体会内心的任何细小信号，并尝试在日常生活的过程中变得更加敏感。

当你坐在电视机前的时候，你的整个注意力都被转移了，你的全部精神都集中在屏幕上，对于发生的事情则可能漠不关心。而如果这时你再抱着一袋薯片，那么，恐怕连身体此刻的需要你也感知不到了。不仅如此，在你机械地猛嚼薯片而不去感受的情况下，即便你的身体内部出现任何反应，也只会被简单地忽略掉。其实，当你在高酒精摄入量和嘈杂环境的影响下变得越发兴致高涨时，你获得的也并非是真正的幸福感，因为此刻你只是人为地自我陶醉，暂时放弃了控制。在此情境中，你几乎完全体会不到真正的快乐，也感受不到发自内心深处的喜悦，及实实在在的心动瞬间。

有时候，人需要一点毅力和规矩，才能在早晨按时起床，迈出门去享受新鲜空气。有时候人需要退后一步，对自己说："这会儿我就想听听音乐。"而有时，则需要鼓起勇气说："你可不可以给我一个拥抱，这正是我现在想要的。"

对不起，这可能又是一个令你扫兴的观点：通过学习和实践，你会认识到，如果只有借助酒精、电视、色情传媒、性和美食，你才能获得某种确定的情感状态而感到放松，那正是因为，由外来刺激所引发的放松和快乐并没有联结到你的内在本性。你只是依赖这些外在刺激帮助自己，以便摆脱某些令你感到不舒服的内在情绪。还有一点可以证明你正走在错误的道路上：完事后你会感觉更加糟糕。狂欢之后你只感到头大如斗，内心空空如也，剩下的只是空虚感或对性以及色情传媒无法抑制的贪婪。当电视屏幕上出现"再见"时，你的内心会感到难以平静且孤独寂寞。

贝特就是一个很典型的例子。他的妻子想要与他离婚，因为她实在无法再忍受下去了。他在日常生活中从来不对她表达任何情感，却总是在各种聚会和狂欢的庆典上痛饮无度，与其他女人出去寻欢作乐。而贝特却把这一切都归咎于妻子的过度自控，他认为自己本来是个轻松快乐的人，但在妻子面前根本无法表达情感。随着我们谈话的深入，他终于发现，事实上是他需要酒精的帮助，才能令自己的感觉流动起来。有一次，他本来已经准备不在聚会上饮酒，结果他却不得不承认，他感觉自己在女性面前非常不自信，整个晚上都只是静静地坐在一旁。他也注意到，自己的内心非常脆弱，完全被置于控制之下，不能自由自在地表达自己。而之前，这些反应他都只能在妻子身上看得清楚。

贝特首先需要化危机为压力，然后他才能鼓起勇气，真正看清自己的本来面目。进而，通过一系列看起来微小的步骤，他才能学会在摒弃酒精的情况下，重新在生活中自由表达自己的情感。

爱自己　给自己创造一个独处的空间

如果你真的希望了解究竟是什么会令你感到满足，那么就请你安静下来，给自己一点独处的空间，以便对自己进行总结。刚开始的时候，你可以只是在大自然里散散步，或者每天拿出5分钟时间和自己约会。重要的是，你做这一切都是为了你自己，与其他任何人无关。在这段时间里，请你只与自己相处，用心感受自己。

请问一问自己：我最后一次发自内心真正感到快乐幸福是在什么时候？然后设想一个具体的情境，认真考察一下，是什么带给你幸福的感觉：事实上，我究竟需要什么才能获得精神上的抚慰，令感官重新充满生机？

最后，请你给自己创造一个小小的空间，令自己在其中得到滋养并感觉愉快。有时候，可能需要你因为对自己的爱，而不得不对他人说“不”。在这个过程的开始，你可能会感到备受折磨，但无论如何你一定要坚持下去，用不了多长时间，你就会感觉生活变得更加美好。

享受日常伴侣生活的秘密武器

Sinnlichkeit und Sex ganz neu erleben

当你阅读上一节的时候，心里可能会冒出一个疑问，这两个针对伴侣关系提供如此建议的人，莫非是不懂人事的冬烘先生？只知道满嘴唠叨：不要狂嚼薯片，不要整晚都坐在沙发上看电视，不要成天跟玩伴们寻欢作乐，不要开怀畅饮，因为此后你会更觉寂寥，不要疯狂追逐性的享乐，不要沉迷于色情传媒……

我们并不是想要传经颂道，也并不是简单地反对上述种种行为。如果你只是偶尔坐在电视机前享受片刻放松，如果你在聚会上能够坚持到最后，如果你在做爱时能寻求一点新奇刺激，那么，这一切都没有问题。我们所要讨论的不是伦理道德问题，也无意纠结于好还是不好。我们想要在此探讨的是，你究竟如何才能真切地找到现实可行的快乐与享受。在我们看来，你唯一需要去做的就是：发展你的能力，使自己能够全身心地投入到当下的时刻。

你是否还能回忆起热恋时的第一个吻？那时，你一定全神贯注于触动双唇的感觉，似乎全身的每一个细胞都被调动了起来。你并不是顺便接个吻，所以你不会被头脑中闪现的其他念头所影响。那时候，再没有什么能吸引你的注意力，你全身心关注的，就只是那个吻，它像电流一般，从你的发梢一直传递到了脚后跟。在那一刻你的整个世界就只剩下了那个吻。那一吻，是你用全部身心去经历的，因此刻骨铭心。

遗憾的是，当第一个吻，第一次爱抚，以及第一次做爱的经历过去之后，一切都没有沿着这条路继续发展下去。我们逐渐适应了所有这些，因而也渐渐对伴侣的存在熟视无睹。慢慢地，一切都失去了深层的含义。于是，我们总是不断试图获得更多，寻找新鲜的乐趣或补偿。久而久之，所有的一切都失去了开始时的魔力，而很多美好的东西也转变成了令人上瘾的毒品。

在过去的几年里，我们的生活在外界很多人看来恐怕都显得平淡无奇。但是在日常生活中的很多细小地方和时刻，我们的内心世界却变得极为丰富多彩且紧张热烈。

现在，是时候让你认识专注投入的秘密了。它是如何起作用的呢？简单地说，如果你在日常生活中非常专注地投入，投入就会回馈给你爱情、美丽、激情以及各种大小不一的享受。你可以通过专注投入给你的生活带来新的乐趣。即便你此前曾拥有过最出色的情人，也可能从来都没消受过如此充盈满足的快乐。要想获得此种享受，你就要学会专注地投入到当下生活中的每个细节。在那一刻，你要用尽全力，抛开你所有的步调和压力，做到收敛身心，全神贯注。你要做的就是完全彻底地投入到这一刻，用你的耳朵去倾听，用你的双眼去观察，调动起你身上所有的味蕾……

在你享受某种快乐的同时，却只是忙着干掉一袋薯片，这岂不可惜？所以，你应该避免任何干扰，专注地投入到享受之中。如果你真想为你的享受增添些许情趣，你可以给自己再来点特别的美味或其他美妙的东西，比如几颗樱桃，美妙无比的冰淇淋，特别的葡萄酒，你最喜欢的鲜花，特别打动你的歌曲。然后，请你在一段时间内完全彻底地只专注于眼前的享受，全身心地投入进去。你要去品尝，去嗅闻，让美妙的感觉在舌尖融化，将鲜花的芬芳深深地吸入你的肺腑，静静地欣赏花瓣的娇嫩，花茎的修长；你要将自己完全融入到音乐作品当中，不仅要去听，还要去感受，感受音符在你身体里的跳动，甚至感受那韵律一直进入到你的灵魂深处。

这些小小的享受能够令你停下匆忙的脚步，并由此全面唤醒你的感官，你的生活将会变得更加丰富多彩。同时，你也将不需要来自外界的紧张刺激，也不必一再去寻求新的兴奋剂。这就是关注的秘密，也是投入的秘密。如果你已经慢慢地体会到了其中的美妙，那么，你当然可以有意识地将这种美妙转移到伴侣关系中来。

爱自己　　发自内心地投入到当下生活中

请打开你的想象，任其自由驰骋，你会发现无数的可能性，帮你去磨练专注投入的能力。请认真学习如何正确地去倾听，有意识地端详你的伴侣，散步的时候把他的手握在自己的手里，仔细感觉它的存在。

在你像往常一样下班回到家里的时候，可以试着取消往日习惯性的拥抱和义务性的接吻。这次，你要用全身心的专注去投入。你要去感受对方肌肤散发出来的温暖，有意识地去触摸对方的肌肤。记住，投入的不仅仅是你的身体，更重要的是，你要发自内心地去投入。事先你可以不告诉对方，坚持一段时间暗中运用专注投入的技巧，但一定要用上你的所有感官。接下来，你就等着看惊喜的出现吧。

第4章

第三者并不是真正的爱情杀手

Du und ich – und der, die oder das Dritte

外遇，究竟是不是两性关系的死亡判决书?

绝对不是！发生外遇，恰恰给了你一个机会，它能令你在精神世界的深处与自己相遇，感知自己的期待和真实的需求。

至于是谁作为第三者闯入了你们的二人世界，造成了令人痛苦的三角关系，其实并不重要。

三角关系中没有赢家

Du und ich – und der, die oder das Dritte

长期固定的伴侣关系，柴米油盐的婚姻生活，使得日子像老牛拉破车一般走入了例行公事……直到有一天，你猛然发现，你的伴侣不知何时又陷入了热恋之中。你突然得知，在你们中间居然还横亘着一个第三者。这简直是山崩地裂！你的世界瞬间土崩瓦解！往日的一切都失去了意义！大部分人在这种情况下会说：外遇？那我们之间的关系玩完了。

我们却要说：不一定。当外遇发生时，如果你能正确理解，就有可能获得新的开始。不过，首先你必须做好心理准备，接受眼前的事实真相：在发生外遇之前，我的伴侣关系就已经变得脆弱空虚，否则，第三者根本不可能有机会插足其间。

当你自己作为第三者陷入三角关系之中，也需要勇气去面对事实真相：可能你现在还满怀期待与渴望，但潜意识里，却是对亲密关系和责任义务的恐惧，否则，你不会让自己陷入眼前的尴尬局面。

尽管方式和位置不同，置身于三角关系里的每个人，其实都被束缚其中，无法真正投入到亲密关系之中。因此，当事情发生时，请不要先急着去追究是谁的过错，妄下评语：“受害者蒙在鼓里真可怜”“搞外遇的一方冷酷无情”“第三者破坏了婚姻”……如此的老生常谈除了激化矛盾、刺激情绪之外，实在于事无补。遭遇外遇的夫妇，往往需要经过一段艰难的治疗历程，才能逐渐意识到，外遇的产生，并不是因为有恶人在蓄意破坏，令无辜的伴侣饱受背叛的煎熬。哪怕从表面上看来似乎就是如此，当事人内心却往往另有隐情。涉足外遇的一方，并不是有过失的一方。他不是什么风流潇洒的采花老手，他只是轻易地接受了他所需要的。

摆脱三角关系的出路一般有两种形式，一种是进入，一种是跳出。当其中一方选择跳出时，仍留在里面的另一方则多半会在很长一段时间内继续纠缠不清，难以解脱。

如果你是被动地卷入了三角关系，那么请你正视自己的内心：究竟从什么时候开始，我就已经在自己的原有关系中丧失了权力？我究竟还拥有多少权力？我是否经常感觉自己就像困在围城里的小鸟，无法自由？多久以来我一直在寻求外界的肯定与认可？

如果你是那个外遇者，事实上你也只是表面看来握有所有的主动权。在现实中，一旦陷入三角关系，大部分人就会跌入一个新的陷阱：一种精神上的拉扯几乎会将你撕裂，因为你的伴侣和情人都只能各自得到一半的你，而他们渴望得到的，却是一个完整的你。在情人那里，你感觉自己重获激情，充满活力，轻松愉快，两个人情投意合，心心相印。但在家里，你却又感觉安全，舒适，充满信任感，有孩子在等你，有无数美好记忆在环绕着你。然而，鱼和熊掌不可兼得。于是你只能暗中东奔西走，试图在两边的关系天平上寻找平衡。最终，你可能将自己消耗在无尽的拉扯之中。不论你决定选择哪一方，都会感觉失去了另一方。

而被欺骗的一方也并不仅仅是令人同情的受害者。如果你被欺骗，你应该首先向自己提出一个问题：从什么时候开始，我的内心其实就已经离开了这段婚姻？多长时间以来，我已经对这份关系失去了兴趣，感觉自己缺少了点什么？

作为情人的第三者拥有一切，而被欺骗的原配却失去了所有，这样的一面之词似乎常常能打动我们。但假如你恰好不幸陷入了情人的角色，你就会发现，自己几乎是别无选择，只能成为原配的对立面而存在。看起来你似乎拥有了一切，而这一切又正是原配长久以来已经失去的：你被他爱慕并追求，与他一起分享性爱与激情，并占有了他宝贵的业余时间。

然而事实上，你的付出与得到也是不平衡的：你究竟有多渴望得到原配所拥有的社会地位和公开认可？你一再饱受思念及眷恋之苦，内心充满期待：只要我们最终能在一起生活……只要有一天他终于能向妻子说出真相……只要她对丈夫坦白……我就愿意付出一切。真是这样的吗？这个办法真的能解决你的难题吗？此后一切都会变得更好吗？

爱自己　　看似浪漫的情人

三角关系中的每一方都需要面对各自的问题，以便能使自己摆脱眼前进退两难的局面。作为情人一方的问题：如果你总是被有家室的人或固定伴侣的人所吸引，如果你长时间以来一直扮演着第三者的角色，而这个三角关系又没有一点松动的可能，那么你就需要鼓起勇气，深入到你的内心深层去寻找原因，你很可能会发现，你其实对长期稳定的关系有着极大的恐惧，并且对伴侣关系过于理想化，以至于不堪重负。

外遇让关系再次完满

Du und ich – und der, die oder das Dritte

外遇固然冷酷，但其实它是两性关系的最佳教科书，具有良好的治疗效果：情人给伴侣双方带来的，正是他们长期生活以来一直缺乏的。你不妨把你的伴侣生活设想成一个蛋糕，开始时是完整的，但随着时间的推移，蛋糕出现了缺口：伤害、误解、懒散，事情变得不像双方开始时所期待的那样，并非只有性爱、温柔、谈话、共同的爱好，于是蛋糕不再完整了。只有在这些缺口得到填补时，原有的关系才能再次变得完满。

因为你们的关系早已出现了问题：往日的激情已经转移给了职业、爱好和孩子，只有跟女朋友在一起才会有真正的谈话，冒险奇遇则只会跟伙伴们一起去经历。所以如果你们现在不能从内部去填补蛋糕出现的缺口，失去的那块就会从外部被填补上。这听起来似乎很苦涩，但原有的关系往往的确需要借由第三者的出现才会变得完整，因为正是第三者带来了生机以及由此而形成的紧张状态，并向每一方都提出了极大的挑战，这些都是作为伴侣的双方早已丢失的。

因此，为你们的关系画上句号并不能彻底解决你们的问题。如果你作为被欺骗的一方，迫使伴侣放弃外遇，结果也不会对你有什么好处。如果你们关系中所存在的问题不能得到真正的解决，结束外遇仅仅只能缓解表面的矛盾与冲突。

相比而言，你还有更重要的任务要去完成，哪怕这任务在此刻听起来如此不可思议：请你尽最大可能，仔细考察一下与你伴侣有染的那个人。你要由此去发现她是一个怎样的人，她究竟为你的伴侣生活带来了什么。然后，你还要做好准备，去找出答案，究竟这个人能跟你有什么关系。

什么？我和那个第三者？有没有搞错？那个不知廉耻的东西！那个贱货！跟我能有什么关系？读到这样的建议，你一定会大发雷霆。当然，你的自卫反应很正常。你可以接受自己的愤怒和无能为力的感觉，但随后你还是要向前迈出一步，去面对目前的现实：作为被欺骗者，一旦在你的伴侣关系中出现了第三者，他向你展示的恰恰就是你所缺乏的或失去的！

每当你为自己迈出一步，随着对虚假角色、自我控制以及固有成见的摒弃，你会重新创造出空间让伴侣关系从内部获得力量，并将伴侣再次吸引到你的身旁。

当伊索尔德发现丈夫有了外遇之后，简直伤透了心。尤其当她刨根问底找出第三者时，她更是目瞪口呆，欲哭无泪。她眼睁睁地看着丈夫与情人手挽手从一个隐蔽的角落走出来，那情人胖乎乎的，年龄明显要比她大很多，与丈夫站在一起时，她看起来就像他的母亲。“为什么偏偏是这么个又丑又胖的蠢母牛？她简直够给他当妈了！”

这个富有魅力的企业咨询师来到我们的诊所，一心想搞明白这令她百思不得其解的问题。后来她的丈夫也随她来到了诊所，并心灰意冷地向她解释道：因为他在另一个女人那里感受到温暖和爱慕，以及感官的享受，这些很快就令他深陷其中不能自拔了。两个人开始一段时间的咨询调整后，期间许多从来没有被说出来的事情不得不摆到了桌面上：他渴望得到温暖，却感觉妻子嫁给了事业，身体上也只是被理想模式所驱使，只关注美容和健身那一套。

她不得不正视现实：作为女性，她早已失去了自我，因为她一心只想做一个模范伴侣。终于，两个人在流出许多眼泪的同时，也对很多以前感到无法解释的问题进行了充分的沟通。他们发现，其实他们都在寻找同样的东西：真正的亲密。

即便你是被欺骗的一方，“爱自己”仍旧对你有所帮助。如果你还是一再指责并威胁你的伴侣，那么他就只有更加远离你这一条出路了。尽管真相难以下咽，但事实就是如此：你的伴侣肯定是因为早已对你失去了希望，或者显然已经不再能接受你，才会发生出轨。你不必忍受三角关系并参与其中游戏。

但重要的是，你必须学会放手，并根据你们内部早已存在的距离，相应地调整你们的外在距离。这一点对于分手有很好的帮助。

爱自己　　一切改变源于自己的改变

请你首先承认：正是这个第三者拥有了许多我一直渴望得到的东西。你此刻的任务是：我必须如何改变我的生活？如果我想要获得生机和吸引力，而我的伴侣正在与他的情人分享这些，那么，什么是我必须承担的风险？我要如何才能治愈创伤，学会放松或者与伴侣达成一致？

请你相信：如果你遭遇了一场艳遇，你需要面对的，将是一个漫长的放手过程，同时你也要去改变自己的生活，而长久以来你一直都在逃避面对这一切。

情人也只是一个凡人

Du und ich – und der, die oder das Dritte

一段外遇，如果经过有意识地加工，则对原有的伴侣关系具有极好的治疗作用，在最佳情况下，它甚至还能推动伴侣关系继续发展。但前提是，作为伴侣的双方都要下决心摆脱对于过错的追究，或者对第三者的继续理想化，取而代之的，是对自己感到并不满意的伴侣生活进行实在且深入的检讨。虽说当外遇突然被暴露于光天化日之下时，很难想象当事人能够如此理智冷静地处理问题，但外遇的确可以成为激活伴侣关系的灵丹妙药。

因此，如果你身为被欺骗的一方，请不要盯着那可恶的第三者不放，相反，你应当坦率地承认，你早就不再对你和伴侣的共同生活抱有期待和兴趣了。而你现在所害怕的仅仅是有可能会失去你的伴侣，尽管你们之间的关系早已没有了实质内容，只剩下一个躯壳。现在，你要做的就是下决心去面对自己真实的需要，去调整自己，而不是一味忍受，更不必心存侥幸，战战兢兢地期待或死死抓住对方不放。

如果外遇出现在你自己身上，竭力保有这个秘密并不能帮助你解决问题。不论你是现在说出还是隐瞒下去，这个第三者都存在于你和你的伴侣之间。如果你逃避矛盾冲突，其结果就是耗尽自己的所有能量与情感，令所有的当事人都深受折磨。相反，如果你坦白地说出事情的真相，则有望为你的生活创造继续发展的条件。如果你因此而与伴侣发生对立冲突，你与他面对的就是你实际的需求。这在开始的时候肯定会导致伤害和混乱，但只有如此，你和伴侣才有机会真正开始新的生活。

此外，你应该放弃对未来的幻想，期待借助一个理想化的新伴侣来逃避现实。要知道，再完美的爱人，事实上也仍然只是一个普普通通的凡人，即便在你看来他极富吸引力、激情澎湃、新鲜诱人、温柔体贴，与你情投意合。你和他共同度过的不过只是生活的一部分，而这部分恰恰是你长久以来所缺失的。他的内心也未尝没有对亲密关系的恐惧和对感情上的亏空。如果你现在不能对自己的生活及时进行清理的话，当你们的关系长期稳定之后，他同样也不会令你感到满意。

我们曾给无数陷入三角关系中的人提供咨询，因此，我们可以向你保证：不论你选择回到原来的伴侣身边，还是跟新的爱人继续前行，找回真正亲密关系的道路都是一样的，你都必须使你的过去、你的责任、你的日常生活甚至你的孩子协调一致成为一个整体。

你最好尽可能忘掉这样一个问题，即：他们两人当中哪一个才是正确的选择？对此纠缠不清只能令你更深地陷入情感的泥淖。事情并不在于选择谁做伴侣或跟着谁去冒险，因为你所缺乏的，他们中任何一个都不可能长期给予你。如果你只是一味妥协而不能发展真正的自我，那么，当你将对美好新生活的渴望寄托在另一个人身上时，你们仍旧会在习以为常的生活中出现情感赤字，厌倦和缺失感则会再次降临。

如果你想要新的生活，就要学会坦然面对与他人的矛盾，在对立中寻求统一，并以此体现你的本性，表达你的情感，实现你的梦想。重要的是，你要重新在生活中为自己的激情开辟表达的空间。如果你能集中精力去实现这一目标，你就会逐步清楚地看到，究竟哪一个会真心与你共同发展，在生活中与你奋力同行。

或许，在时机还不成熟的情况下，你需要先独自前行，以便能让自己看得更清晰，感觉更确定，并获得更新的力量供你与另一个人分享。而眼下只有一条是最关键的，那就是：爱你自己。

爱自己

问问自己吧

如果你刚刚摆脱了一段关系，请你向自己提出以下问题：是什么阻止我在日常生活中富有激情，勇于冒险，直截了当？通过与这个新的人相遇，我对自己有了哪些新的发现或再次发现了自己哪些优点？我如何才能在不依赖任何人的情况下，彻底改变自己的生活，真正去享受生活的质量？

你真正的爱人是你的职业吗

Du und ich – und der, die oder das Dritte

在最佳“爱情杀手”的名单上，位居榜首的毫无疑问是职业。许多人的伴侣关系到最后就只剩下疗养院的功能，让那些耗干了心血、筋疲力尽且丧失了自我的人们在下班后能有一个归宿，以便他们能在那里休养生息，重新聚集力量。

在工作中样样都行，在家里却处处不是。很多人一天可以工作10小时甚至更长，却没有时间为家庭和孩子做任何事情——当然了！生活就是这样。手机永远贴在耳朵上，手提电脑永远开着，随时准备接受下一个预约，这对你来说很平常。但是为何不能尝试一下，没有任何理由就只是单纯地提早一点下班回家，有意识地拿出点时间与伴侣温存一番？你可能会说：这根本没法想象。

请设想一下，如果你能很平常地如此表达：对不起，我现在不能接受这个预约，因为我今天跟妻子有一个重要的谈话……我今天没时间陪你们玩了，因为我要安安静静地跟你们的爸爸享受一下放松依偎的感觉……我今天下午不参加锻炼了，因为我更想要实实在在地关照一下我的身体，准备拿出充分的时间享受轻松快乐的性爱……那么，你的伴侣生活又会是什么样子呢？

如果你的职业或者你的伴侣就像寄生虫一样吸走了你的全部能量，只怕大部分试图拯救婚姻的努力都会落空。你可以为了令你的伴侣关系重新复苏而继续努力，在经历了最初的清理和解释阶段之后，你们双方都需要有勇气来给予伴侣关系以优先权，并对职业生涯的投入做出一定的限制。

你可以反复阅读本书，以便能够仔细考察你的情感，改变你的交流方式，更放松地对待你的性生活，并对旧有的伤害进行处理。但是如果你不改变自己，还像从前那样生活下去，并为职业生涯继续牺牲你的情感，这一切都不可能引导你越过具有魔力的边界，走向婚姻的幸福。如果你在伴侣关系中不得不带着枷锁跳舞，由此迫使你变得自我封闭，冷漠寡情，那么你的情感生活就会笼罩在一片愁云惨淡之中，而你自己也会因此而耗尽心力。记住，你本该首先关注自己的心理康复，然后再努力去改善伴侣关系。

这边是你的工作，那边是你的伴侣——这事儿不可能成功。如果你在家里都不能善待自己，那么恐怕在职场上你也做不到。当你在工作中总是被消耗得筋疲力尽时，你的伴侣关系往往也落到了拼尽最后一点力量挣扎的地步。

职业对我们很多人来说都是神圣而意义重大的，而职业本身也在不断向前发展着。每个人都很清楚，职业发展的顺利与否，决定了我们自身的基本状况。所以，我们在这里并非盲目地说：丢弃你的工作吧，这样你就会有充分的时间和能量来享受你的爱情生活。我们只是想告诉你：不妨努力在职业和家庭之间寻找一个平衡点，你一定要明白，这两者其实是紧密相连的。

人们需要重新去认识职业和家庭。最关键的是，你要在日常工作中根据自己内在确定的感觉和对自我价值的肯定去判断并行动，而不是茫然地四处寻求外在的认可，以此作为确定自己价值的标准。你需要回答这样一个问题：我能够给予什么？而不是：我怎样才能得到？

如果你已经开始在个人生活领域去实践“爱自己”的理论，并因此学会了将目光从外部转向自己的内在，那么你也该同样开始在职业领域去尝试。否则你的生活还是会出现倾斜。即使在工作中，你也必须开始更多地考虑到自己的需求，因为你的思想已经有所改变，由此你可能会与他人发生矛盾甚至冲突。同样，你也应该问问自己：什么才是我的强项？我具有哪些才干与技能？而不是：还有什么是我必须实现并获得的？

爱自己　　**请相信你自己**

请把“爱自己”的原则也带到你的工作中去。在职业生涯中也要学会明确界限，并摆脱过度保守求稳的想法。你应当重新承担起责任，更加信任自己与生俱来的能力和内在需求。

你会惊喜地看到：你不必再同时面对两条战线去作战了，你甚至可以从伴侣那里获得更多的支持，因为他会感觉更多的是得到了你的帮助。在工作中你会突然感觉比以前轻松了不少，你能够花更少的时间和精力，去完成更多的工作，成就也将自然而然向你走来。

网络：让爱情黯然神伤的慢性毒药

Du und ich – und der, die oder das Dritte

愈来愈多的女性如此描述她们所面临的极端情况：互联网毁了我们的婚姻。当今社会，色情网站拥有极高的点击率。许多结婚多年的男性在灰色的日常生活中非常热衷于进入那些充满色情与艳遇的网络世界，对他们来说，只要鼠标轻轻一点，就可开始充满刺激的冒险之旅。

这个网络世界是不是也已经悄然潜入了你的生活之中？网络或许可以让你在感到紧张的同时又很放松，但当你逃避现实而躲入网络时，请一定不要忘记：网络只是一个虚幻的世界，它只能令你的注意力暂时从实际存在的问题上转移，但这些问题并不会因此消失，它们依然存在于你的性生活和伴侣关系之中。网络也许能令你感到卸下了沉重的包袱，除掉了障碍，但它并不能充实你的生活。今天的色情传媒对我们的两性关系有着灾难性的影响，置身于虚拟世界的我们已经逐渐丧失了对任何刺激的感知，也不再为任何情感所动。

布丽特来到我们的诊所，她刚被诊断为患上了乳腺癌，她的婚姻也因此而陷入了强烈的危机之中。癌症令她猛醒，她清楚地意识到，不能再如此生活下去了，因为很久以来她都感到自己的婚姻很不幸。

她无法跟丈夫交流，这令她感到心灰意冷。他们之间几乎没有任何亲密情感的表露。她始终容忍丈夫每天下班后上网浏览数小时，包括定期访问色情网站。她一直劝说自己，还是默默忍受为好，不然，他可能会借题发挥来发泄自己的愤怒。但经过我们的咨询工作，布丽特慢慢意识到，自己其实早就因为丈夫对色情网站的上瘾而深受伤害，同时她也进一步看清了丈夫的瘾究竟有多深。

终于有一天，布丽特泪流满面地打开了紧闭的心门，让内心深处的痛苦得以宣泄。这么多年以来，他们共同的性生活已经逐渐被丈夫那趋于极端的性幻想所控制，而从来都不曾听从双方身体和情感的真正需要。她发现，事实上自己一直感到被丈夫利用，因此她的身体也从内部慢慢紧闭了起来。

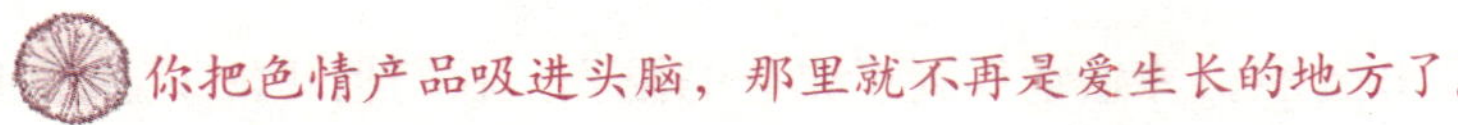

有规律地定期消费色情产品，甚至到了上瘾的地步，会对伴侣关系、性生活和我们的身体产生毁灭性的影响。对此我们可以清楚明确地看到，虚拟世界常常可以把我们的生活引入死胡同。而在日常生活里，常见的电子或传媒产品如汹涌的刺激大潮，铺天盖地而来，这些都可能成为人们精神和情感关系的强大杀手。

请你坦率一回：你的生活日程是否正是如此或与此相近呢？清晨，你被收音机里的闹钟唤醒；吃早饭的时候，电视机一直在你身旁播放着节目，或许你同时还在阅读报纸；在你迈出家门之前，你还要再看一眼电子邮箱里的邮件；上班的路上，你还在用手机打电话；一走进办公室，你马上就坐到了电脑前；晚上回到家里，你不是上网冲浪，就是坐在电视机前不断变换频道。在这样忙碌的一天里，你可能从来没有真正关注过自己。你感觉不到自己究竟需要什么，也体会不到你的身体有什么反应。似乎你根本就同自己没有任何关系，你所有的注意力都集中在了外部世界里。如此这般，你怎么可能与另一个人建立亲密关系？另一个人又如何能够跟你发生情感联系？在手机、电视、电脑和网络构成的天罗地网之中，哪里还有一席之地能容纳内在的亲密感觉，让其健康地成长呢？

我们在工作中一再接触到这类现象，相当多的人都不得不重新去学习如何了解自己和自己的身体，只有让自己的身心形成和谐的统一体，才能继续深入到伴侣关系中去。那么，如何才能让我们的身心和谐一致呢？我们所了解的最佳途径其实很简单：打坐，跳舞和冥想。这三条基本上现在都已经成为我们日常生活的固定内容。我们完全无法想象没有这些生活会成为什么样子，因为我们深有体会，当我们采用其中任何一种方式休息一小段时间之后，会感到非常放松和自然，并感觉得到了充分的滋养。我们也非常了解，对于很多人来说，要做到这一点，还需要先进行一些尝试，才能修正自己的偏见并跨越内心的障碍。

也许你会说：打坐，跳舞和冥想，我为什么要去做这些事，它们能为我带来什么呢？我们的回答是：它们能使你摆脱对外部世界的依赖，化解内心的焦虑和紧张情绪，以便能让你继续深入并发展与伴侣的关系。

即便你不对电脑和手机上瘾，你也相信自己从未感觉焦虑，过度紧张，对外界没有任何依赖吗？在此，我们可以向大家推荐一个小小的尝试：给自己一个没有任何电子玩具的完整周末，不要上网，完全一个人度过。没有手机，没有电视，没有邮件，没有网络，没有工作，没有酒精，没有任何以强化作用为目的的爱好。你只要简简单单与自己相处，享受安静的生活。对于很多人来说，度过这样一个周末可并不是一种享受，他们会感觉自己就像是瘾君子正在戒毒，空荡荡的，有一种浑身说不出的难受。

如果你已经下定决心，有意识地去体会并接受所有内心能感觉到的一切，你就能获得一个极大的机会，最终与自己重新建立联系。虽然在开始的时候，你会感到不适，但这种令人不舒服的感觉却是回归过程的一个必要阶段。我们可以向你确认一点：如果你能重新适应独自存在，并密切关注直接的感受和内在的体验，那么，你的生活就能获得全新的活力，并进入更深的层次。

爱自己　　创造真正属于你的15分钟

每天拿出一刻钟与自己相处，排除任何因素的干扰，全神贯注于自身。你可以安静地坐下来，把注意力集中到自己的呼吸和身体上。如果你喜欢运动，可以边放音乐，边按照身体的意愿去舞动。最重要的是：没有目的，没有压力。

我们的经验证明，如果你和伴侣能在每天的日常生活中拿出一点时间来一起跳跳舞，你们的生活将会充满活力，你们的关系也将更加亲密。不要固定舞步，不要规范形式，把所有的约束和限制都扔到汪洋大海中去，仅仅享受就好。爱，是在身体里发生并发展起来的。

第5章

走出危机，迈向幸福伴侣生活

Raus aus der Krise – rein ins Glück

当危机四伏的时候，还有迈向幸福的转机吗？

绝对不要丧失信心！危机往往是通向新开端的发令枪。

只要你学会了爱自己，即使经历了过山车的颠簸，随之而来的也会是更加幸福美好的伴侣生活。

危机有利于伴侣关系

Raus aus der Krise – rein ins Glück

可能你也接受了大部分人所相信的观点：遭遇危机就表明，在伴侣关系中出现了错误。我们想告诉你的是：大错特错！危机是健康的，正常的，没有任何伴侣关系不是在危机的伴随下健康成长的！你仅仅只需接受这一观点，就会感到放松。请你只是简单地去感觉一下：你的伴侣关系可能已经陷入了混乱之中，你感到非常没有保障，心情沮丧绝望，充满恐惧……但假如出现这些问题是为了能让你更好地成长，那么你感觉如何呢？是不是你的感情就因此有了一点变化呢？

走出关系危机的第一步，就是要用一种全新的眼光去看待它。我们大部分人对于理想伴侣和美满婚姻都有着许多模式和概念。在我们的潜意识里隐藏着种种期待与要求，比如，作为伴侣应该总是保持和谐，避免冲突。但是如果想要让伴侣关系充满生机，就需要不断地发展。在前进的道路上总会有磕磕碰碰，如果在你的伴侣关系中出现了令你感觉疼痛的事情，很可能那只是阵痛，而不是终结，更不是毁灭。

卡琳是我们的一个客户。她感到非常绝望，因为尽管她一再恳求丈夫多一点时间留在家里，与家人在一起，却毫无成效。现在丈夫甚至要彻底离开她。“为了我们的婚姻，我什么努力都做过了！”卡琳委屈伤心地说。事情是这样的，虽然卡琳多年来一直不断试图与丈夫的关系更加亲密，但她却总喜欢处处批评丈夫的所作所为。卡琳碰到的难题就在于，她在潜意识里一直在向丈夫传递一个信息：“我根本就不想要现在的你，我希望你能变成另外一个人，好让我不再如此沮丧失望，我早就无法再忍受所有这一切了。”而现在他终于决定要满足她的愿望而远离她了。

卡琳的危机涉及婚姻关系中一个最本质的真相：不论事实多么令人痛苦，你现在之所以处于此种状况，恰恰因为在心理深层你早就认定自己会遭遇此种境遇。在我们的咨询过程中，卡琳开始学习去认识了解自己，并随之重新获得了对自我价值的确认。由此出发，她最终得以与丈夫坦诚相待，两人破镜重圆。值得说明的一点是，新的共同生活与过去的日子之间已经没有太多关系。卡琳成长为一个独立自信的女性，而她的丈夫也认识到自己在家庭中的位置，并对她给予了极大的支持。

请忘掉那毫无道理的想法吧！试想：两个全然陌生的人，会在美好的一天相遇，他们彼此相爱，从那一刻起，就会天造地合地彼此般配，从此在一起幸福地生活。难道还有什么能比这更不可思议的吗？

虽然童话中的王子与公主可以始终幸福快乐地生活在他们的宫殿中，直到生命的尽头，但我们凡人在现实的伴侣关系中却没有这份幸运，一切完全是另一个样子：危机迟早会发生！但危机的发生也是一件好事！尽管危机折磨着人的神经，令人痛苦不堪，危机之中还是蕴藏着奇迹：危机会把所有妨碍我们获得幸福的东西都暴露在光天化日之下。所有此前没有被意识到的、隐藏起来的和被压抑下去的一切，在危机中都会变得可见、可感甚至可以触碰。这会刺痛你，令你感到害怕。有时候我们会因此而感到迷惘混乱，有时候可能会彻夜难眠，更有甚者，我们的心往往都会被撕裂。那份痛苦实在令人难以承受。

但是，如果你能勇于去面对危机，那么就有机会令你内心的情感重新流动起来。许多伴侣都向我们证实了这一点：当他们有意识地对关系的危机进行加工处理并终于战胜了危机之后，他们的伴侣关系变得更加深化，更加充满活力。从他们那里，经常可以听到这样的言语：我再也不会像从前那样生活了。

爱自己　认识危机，理解危机

促使僵化情感重新流动需要迈出的第一步：坦然承认并接受危机，哪怕你一直以来都相信，我们必须把危机扼杀在摇篮里。我们可以告诉你：当危机初露端倪的时候，正如同大火燃起之前，你才刚刚开始看到冒烟并听到轻微的噼啪声，此刻千万不要简单地采取排斥或抑制的态度来对待，因为这只会使事情变得更糟。

而问题就在于，如果你将误解、不快、丧失信心等负面感觉压抑过久，就当什么都没发生一样继续生活下去，则会导致伴侣关系承载的负担越来越沉重，当那些在你们之间没有机会说出来的问题堆积如山时，终有一天会形同火山洪水，一旦爆发便势不可挡。

第二步：接下来你要去理解危机的意义。任何一次危机都能带来确定的信息，以阻止你继续如此生活下去或在伴侣关系中不断重复同样的错误。请你一定不要再出于自卫而与之对抗，也不要将责任都推给他人。你最好认真地考察一下危机的状况，并向自己提出问题：这次的危机想要阻止我的哪些行为呢？它究竟迫使我去做什么呢？

危机提供的信息绝对准确细致，尽管它常常会令我们感到心痛难忍，如坠深渊。如果你能真正坦然地面对危机，就能从中获得新的力量，并在此后的生活中更好地关照自己。在认真研究危机、理解危机的前提下，我们就能不断经历意外惊喜，从而更加健康地发展自我。

放开你的伴侣，为自己买单

Raus aus der Krise – rein ins Glück

为了能将陷入危机低谷的伴侣关系再次推向幸福快乐的高峰，我们需要一种类似于荡秋千的运动。请你设想一下：你的汽车陷在了积雪之中，你给一点油，踩一下离合器，再给油，然后再踩离合器……慢慢地，凭着细致的感觉，你才能一点一点地从僵局中逐步摆脱出来，直到车轮又可以毫无障碍地飞快旋转。如果你想把同样陷入僵局的伴侣关系拖出泥沼，也同样需要经历一个类似的过程。许多伴侣会在某段时间陷入危机，就如同陷入积雪的汽车一样，只有轮子还在转动，车体却已经不再移动了。这时，你需要做的不是继续施压，而是彻底放手。既然你尽了最大努力也没能改变情况，那么继续做同样的工作也依然于事无补。

我们的客户英格的遭遇就是这样的：她对自己的行为感到非常痛恨，但却又无法克制。当丈夫睡着的时候，她总是去查看他的手机；当他晚上外出的时候，她根本无法合上眼睛，更谈不上安然入眠了。她非常害怕他会去跟另一个女人约会，暗地里深深地嫉妒他的事业顺利发展。当他终于有一天待在家里的时候，她又会不断地责备他从来不照管孩子，也不关注她的感受。就在她来到我们诊所寻求帮助之前，她还曾秘密地搜查了他的邮箱，由此发现他跟一个女同事过往甚密，他们曾经彼此信任地探讨过他的感受，同时她还发现，他已经申请调到公司在其他地方的部门去工作。

在咨询开始的阶段，我们的谈话总是绕着圈子进行而无法深入下去。当问及英格和她的愿望时，她谈论的依然是她的丈夫，有什么该做的事他却没有做，他如何没有支持她帮助她。她全然依赖于他，他的任何一点风吹草动都会牵动她，以至于完全丧失了自我。在此后几个月的艰难日子里，英格要做的练习就是与丈夫保持距离，从一小步开始，逐渐拉开，同时学习如何为自己而活。

开始的时候，英格感到非常困难。一会儿打扮得漂漂亮亮，一会儿出去与女友聚会，这样做令她很不适应。但是有一天，她来到我们的诊所，不仅换了新的发型，还告诉我们说，她已经申请去做职业培训："我想这么做已经想了很久了！我希望去学点什么，走出家门去经历人生。可是与此相反，我却要求丈夫放弃经历人生而回到家里。"不久英格的丈夫开始与她探讨自己对于职业发展的愿望。他们两人共同商量决定，等她做完职业教育之后再搬家。英格在新的城市里找到了合适的工作，夫妇二人也重新开始了新的美好生活。

当车子抛锚的时候，你不能再给足油门来促使车子启动。给足油门只会意味着，在危机时刻你仍然继续固执地将所有过错或权力都推给了伴侣。

只有经过许多轻微的摇摆，才可能走出危机。在这个过程中，你可能会不断再次陷入停滞状态，没有关系，这很正常。但这一次你只需轻轻地点一下油门，把握住方向盘，不要偏离自己的方向。重要的是，你需要慢慢学会，从痛苦的纠缠之中解脱出来，逐步从情感的麻木冷漠和对伴侣的依赖中挣脱出来。你应该在自己的系统中引入新的动力。请设想一下：在你的内心深处躲藏着一个受到伤害的生命，必须经过一个缓慢的过程，它才可能重新找回信任。你越是表明我不再加入旧有的游戏了，我要开始为自己着想，关注那些对我有利的事情，你就越能获得内在的支撑和新的力量。

内在转变过程中最吸引人的地方就在于：奇迹也同样可以发生在外部。当你从与伴侣的纠缠不清中抽身却步，当你将焦点集中到自己身上时，你不仅会变得更加强大，同时也必然会影响到对方。如果你开始行动了，你的伴侣也就不得不相应地有所改变；如果你不再参与两个人之间旧有的游戏，你的伴侣也就无法再独自一人继续下去。

爱自己　　将注意力放在你自己身上

当危机再次升级，你感觉自己的内心被卡住，无法畅通呼吸，或者觉得自己再也不能忍受下去了，此时，你应该有意识地对自己大声喊停：不！这次我绝不要像以往那样去做。

如果你的脑海里有各种念头像走马灯似地旋转不停，你和伴侣之间的所有一切都呈螺旋形向下滑落，那么，你的最佳选择就是主动放弃那些不健康的联系。你可以离开令你不快的空间，或者在内心里向后退出一步。这时，你可以问一问自己：什么令我感觉舒适？我想干什么？从前令我感到非常快乐的是什么？

即便有时你可能会有一种感觉，就好像你刚刚开始减肥的时候，觉得自己总是被冰箱所吸引，不由自主地一再从冰箱前面走过。从现在这个艰难时刻开始，你要主动地为自己做出一些小小的决定。你可以去散散步，或躺在浴缸里放松放松，你也可以放一张唱盘，然后随着音乐让身体舞动起来。找一张照片来端详，回想一下当时那令你感到非常快乐幸福的情境。

唯有真相能令伴侣关系重获新生

Raus aus der Krise – rein ins Glück

你也许认为，真相会带来伤害。这的确很有可能，但真相也是唯一可以治愈创伤、使伴侣关系重获新生的灵丹妙药。正是真相将伴侣关系从日常生活的惯例和危机中拯救出来，并使之变得生机勃勃。正是真相让一切都浮出水面。秘密是促成一段情感关系的魔法，听起来似乎很浪漫，但它在现实中却完全是有害无益的。真相中包含了所有未曾说出来的，或者被当成秘密隐藏起来的，这些东西堆积起来，就会构成一堵高墙，横亘在作为伴侣的两个人之间。

我们之所以不表达内心的感觉，是因为有些东西虽然存在于我们内心深处和生活之中，却不被外界接受，这导致我们不得不将生活变成谎言。

你是否因为不想伤害对方而隐藏内心的真实感受，其实你早就不愿再接受日常生活中如此这般的爱抚，亲吻甚至性生活？你是否感觉闷在家里太憋屈，需要更多一点的自由，因此很想跟同事一起去喝一杯，聊聊办公室里的事？你是否为了和谐而宁愿保持沉默，对上周末的调情三缄其口？或者，你确实是另有隐情，长时间以来就在家庭和情人之间过着双重生活？

可惜的是，真相就像数学一样，按照伴侣关系的规则准确地发挥着作用：

隐瞒＝内在的距离；

隐瞒越多＝内在的距离越大。

由此看来，你的秘密越多，伴侣关系就会变得越僵化。最终你只能面对一个千疮百孔的婚姻，因为你的伴侣是最后一个了解到你长久以来的处境究竟如何的。

如果你已经不再渴望从现实的伴侣关系中获得新的生命力及亲密情感，那么有一剂灵丹妙药可以治愈你的婚姻：让真相浮出水面。这里涉及的不仅是那些令你的心灵无法承载的大秘密，同时也涉及各种在日常生活中被堆积堵塞起来的细致情感，包括那些没有说出来的愿望以及无法淡化的渴求。

爱自己　打开你的心，让阳光照进来

此刻，请把你的理性和道德感先放到一边，不假思索地感觉一下：你不能与伴侣分享的是什么？你不相信的是什么？长久以来在你内心中郁积的是什么？当你想到这些的时候，是什么令你感到压抑和恐惧？你的心里是否暗藏着令你无法表达的过失感和羞愧感？

请你一定要清楚地认识到：以上这些就是砖石与泥沙，正是这些材料在你和伴侣之间构筑起一道高墙。孤独感就是从这里开始滋生的，你的伴侣关系也是因此而逐步被侵蚀，变得空虚脆弱的。正因为如此，你才会感到一切都是那么僵硬冰冷，空洞乏味，死气沉沉。

毫无疑问，你需要勇气来实现跨越，但你首先要做的是，让真相浮出水面。这很可能会导致痛苦和眼泪，喧嚣与混乱，甚至还可能会有狂风暴雨降落到你和伴侣的头上。但真相不会导致伤害！真相只会将旧有的伤害暴露在阳光下，只有在阳光下，伤害才能最终得以治愈。

伴侣关系是可以拯救的吗

Raus aus der Krise – rein ins Glück

经常有人来到我们的诊所，恳求我们一定要帮他，“我必须拯救我的伴侣关系！”而我们则不得不首先帮他搞清楚这一点：去拯救一段关系是没有意义的。如果爱情关系已经失去了生命，暴露出来的一定是你的弱点，说明你需要新的内容来充实自己，但不是在你的伴侣关系中，而是在你的生命里。

当一切都已搁浅，丝毫看不到希望的时候，你绝对不要再拼尽全力去抓住原有的一切。忘掉所有那些拯救婚姻与情感的法门和诀窍吧！这时候你应该做的，是爱自己，关照好自己。其中的奥秘就在于，如果你能够改变自己的生活，那么你的伴侣关系就会自然而然地得到改善。伴侣关系所处的状态，折射出的恰恰就是你在现实生活中出现的问题。

此前我们已经一再强调，“爱自己”中最彻底的一个观点就是：想要改变你的伴侣关系，就要首先改变你的生活。

如果你还是像从前那样，让自己被各种沉重的责任与义务压得直不起腰来，把各种令你不舒服的感受与情感都压抑下去，固执地因循自己旧有的模式处理情感问题；

如果你还是像从前那样，宁愿转移问题也不肯正视现实；

如果你还是像从前那样，总要求自己事事完美，不能出一点错；

如果你还是像从前那样，继续做个可怜的受害者，总感觉事情糟糕透顶，却不肯负起对自己的责任，不能与他人划清底线，那么，一切都只能像现在这样继续下去。

心理咨询师、婚姻咨询、讲座、治疗、带视频的伴侣关系课程……所有这些都能给你内在的推动，但是起决定性作用的一点却是：你必须摆脱对伴侣的依赖，改变你的日常状态，重新调整你的生活内容，检查你的信仰体系，如果有必要的话，就需要彻底更换。这是艰苦的工作，需要时时鼓足勇气才能前行，也需要坚持原则，并做好不讨人喜欢的心理准备。

当你开始认真对待伴侣关系的危机，使之成为发展自我和改变生活的一次最佳契机时，你也将不可能再像从前那样对待生活的其他方面了。

拯救关系的各种措施只能消耗掉你的能量，让你没有余力来关照自己。伴侣关系其实就像一个空容器，关键在于两个人都在往里面装些什么。如果两个筋疲力尽的人都想从中获得支持，都期待对方能像看护那样照顾自己，帮助自己早日康复，以便自己能重新获得力量，在其他领域继续打拼，那么，伴侣关系或家庭的存在，就只能变成一个功利性极强的联合体。

爱自己　你是在充实伴侣生活，还是在损耗自己的能量

请问一问自己：在我的伴侣关系中，缺乏什么？我如何能在日常生活中找到这些缺失的东西？为了充实我的伴侣关系，我怎样才能改变我的生活，以便重新获得内心的平静，获得生机和保持平衡的力量？为了获得内心的和谐，我怎样才能摆脱对伴侣的依赖，也不再受他身上那些我不喜欢的特点的干扰？我怎样才能让我们的关系更加深入，并从自己出发，给予对方更多？我怎样才能更加放松，变得充满活力，自信开朗？

清点一下你的各个生活领域：二人世界（这里所指的并不是两个人坐在一起看电视）、业余生活、工作、家庭、朋友、社会义务……认真考虑一下：究竟什么在我的生活中居于核心地位？它会给我力量并推动伴侣关系的发展吗？它会起到平衡作用吗？或者，它只不过是一种补偿，成为使我逃避二人世界，回避问题的可能？它究竟充实了我的生活，还是损耗了我的能量？

改变自己，才能改变生活

Raus aus der Krise – rein ins Glück

伴侣关系就像时钟里的齿轮，需要不断磨合才能运转。如果其中一个齿轮改变了，其他的齿轮也必须相应地改变，才能彼此重新磨合，时钟才可以继续运转下去。或许现在你已经把这本书中的很多策略和技巧牢记在心，或许你的生活也已经因此而出现了变化，这种变化可能是缓慢细微而令人无法觉察的，也可能是突然间戏剧性的骤变。或许你已经能够很好地利用关系危机，清楚地划出自己所能承受（或者说忍受）的底线，或许你已经摆脱了对他人的依赖，走上了密切关注自己真实需求、为自己负责的道路。现在，你不仅感受到了新的力量，展现出新的才能，而且新的问题和矛盾也已初露端倪。

但可能你还是有一种感觉，情况不仅没有得到彻底的改善，似乎还变得更复杂了。在你和伴侣之间，很多事情不再像过去那样，习惯成自然地发生发展着，而是变得就像咬合不全的齿轮，运转中随时都可以听到摩擦发出的生涩嘎吱声。哪怕是微不足道的小事，都足以令你们脱离日常的轨道。有些事情，以前你会觉得无伤大雅，睁眼闭眼间就过去了，可现在却令你感觉痛苦不堪，无法忍受。

这种情况只能表明，目前你们的伴侣关系正处于一个过渡时期，正在从一种状态转入到另一种状态。你必须重新清理你的生活，你的伴侣关系也必须从现在开始重新调整。你可能会感到一切都变得疙疙瘩瘩，令人不爽，但正是这条坑洼不平的人生之路才能引导你再见曙光，重获生机。有时候你甚至不得不绕上一个大弯子才能抵达你的目的地。其他人可能无法理解你的变化，对你感到无所适从，因此他们会对你表示迷惑、反感，有时还会出于善意给你一些自以为是的建议。他们会在心里想：这家伙现在是怎么了？天哪，又是老一套！赶紧醒醒吧！于是，你会从各个方面得到一些劝诫。当你认真对待危机，希望从中寻找改变的契机时，往往也会影响到自己身边的人——伴侣、子女、父母、兄弟姐妹以及朋友们，你会令他们感到震惊并有所触动。

引发这一切的可能是你的伴侣关系，但是当你开始梳理内心积郁的情感时，当你向自己提出问题并坦诚地给予回答时，这个过程所产生的震撼效果则会波及你生活的方方面面。现在你有了新的目标，改变了原有的习惯和模式，而且对有些事情不再妥协。一时间，你会忽然感到，自己活得很憋屈，似乎没有足够的空间让你自由行动。你也发现，不仅你的伴侣关系需要改变，同时在生活的其他领域也需要进行调整：你的职业生涯该如何继续发展？你希望从孩子那里得到什么？在今后的业余生活中，你将如何与伴侣一同度过？你是否还要为了让父母满意而继续辛苦地撑下去？

我们此前已经提到过："爱自己"绝对不是简单的卿卿我我。它有时候会导致你内在的改变，甚至会令你失去生活的保证和身边人的理解。对此，你需要保持清醒，不妨认真想一想：其实当初你也并不是自觉自愿地迈出发展脚步的。

你需要一次危机，从而迫使自己站起来。凭什么其他人就该心甘情愿地开始改变自己呢？有时候，走在这条路上，你甚至自己都不再知道，你与从前那个无比信任的人之间还有什么关系。因此，你必须学会忍受失去伴侣关系的痛苦。你可能不得不与彼此相知的老朋友、从小长大的家庭、甚至你的伴侣分道扬镳，因为他们已经不再能适应你的生活步调了；因为在与他们一起的共同生活中，已经没有了能够令你保持自我的空间；因为其他人还像从前那样，希望你能去适应他们的生活观念与模式。

这当然会让人感到非常痛心，也会导致负疚感的产生。你会再次向自己提出这样的问题：难道眼下我并非走在正确的道路上？也许别人走的路更好些？我们可以肯定地告诉你：只要你在眼前的纷乱喧嚣中坚持自我，就一定能获得具备承受能力的、全新而有深度的伴侣关系。所以，哪怕你会在一段时间内感到不被理解，孤独落寞，也务必要坚信自己的选择。其他人也会转变，会有新的人出现在你的生活中，你可以与他共同无忧无虑地经历亲密关系，而这些却都是你此前认为不可能出现在你生活里的。

爱自己　　听从内心的指引

请做好不被你的爱人所喜欢的心理准备！一旦你开始保持自我，往往就不再是从起那个人见人爱的安琪儿了。但是，只要你能深入到自己的内心，去释放自己的天赋与渴望，就能获得新的力量，并有机会实现新的愿望。记住，不论发生了什么，重要的是：听从你内心的指引。

情感分居：促成奇迹的最后一搏

Raus aus der Krise – rein ins Glück

有时候，该说的话都说了，该做的事也都做了，剩下的似乎就是一刀两断了。不过，当你的伴侣关系陷入了恶性循环时，在最终分手之前，还有最后的一站，或许能够令你的婚姻起死回生。那就是在继续保持关系的前提下，两个人完全彻底地与对方保持距离，以便在关系内部创造一个空间，使每个人都能认真地重新思考一切。我们将其称之为“心灵离异”，或者“情感分居”。

根据我们的经验，这可能是促使奇迹发生的最后一搏，尤其是当你有如此感觉的时候：我已经竭尽全力，做了所有能做的努力，一切都失去了意义。或许现在还没到考虑离婚的时候，但应该划清两个人之间的界限。你要做的是，与所有的一切保持距离，坚持不懈地走自己的路，并承担起对自己的责任。

当你决定与伴侣“情感分居”，给各自一个空间，你就要明白，此刻不该再去执著地追究对方没有做什么，而应该集中精神去关注自己需要什么，至于对方此刻如何反应，对你来说都不重要了。这样一种极端的内部分离方式，并非是两性间的冷战，也不需要锐利的武器。我们对此的解释是：火炮入库，撤离战场。虽然两个人还同在一个屋檐下，但每个人都只为自己和自己的生活负责任。其目的则在于使作为伴侣的两个人能够积极主动且有意识地从病态的纠缠不清中摆脱出来，进而打破原有的旧模式。

当我们决定分手时，大部分情况下都会尽快离开对方，根本就没想过还有可能利用自己的力量在陷入僵局的状态下有所作为。我们虽然走开了，却没有真正感觉到更自由，更自信，更充满力量，也没能从中学到如何去寻找新的道路，而且完全不必在乎伴侣是否也随之有所行动。

你梦想着在伴侣关系中出现奇迹吗？奇迹的确是有可能发生的。最大的奇迹就是宽恕。它现在就掌握在你的手里，你随时可以决定奇迹是否出现——你可以决定是选择忍受痛苦，还是摆脱历史的纠缠，重获自由自在的轻松感觉。

我们以为，只有逃出伴侣关系，才能拯救自己。但是在这种状况下，即便两个人分手了，心里也依然会充满怨恨和愤怒，甚至从此心灰意冷，对一切麻木不仁。我们人虽然走开了，但内心里仍有一种感觉：我们并没有战胜魔鬼，而只是从它身边逃开而已。你是不是也认识这样的伴侣，他们虽然早已分手，甚至天各一方，却仍然无助地被怨恨的枷锁连在一起？

“情感分居”的目的，是要战胜我们自己心中的魔鬼，就在那紧锁着幸福伴侣关系的城堡之前。只有学会了铲除内心的魔障，我们才能真正回到自己的宝座上。

所以，你现在要做的，就是冲向那阻碍你获得幸福伴侣关系的妖魔鬼怪！

爱自己　　给彼此一个空间，去做你自己！

请你静下心来，第一步就是要去解决那些令你感到不快、对你不利的问题。但是请注意：一定要远离你的伴侣！你们彼此间再也没有相互的要求了。他想干什么就让他干什么，你也同样！你可以对自己说，就当是已经离婚了，你对他反正是毫无影响力了。如果你能做到这一点，你就真正自由了。

所有你不想做的事，从现在起就不要去做。该洗的衣服可以扔在一边，你也不必再为对方做饭。当然，只是在你想这么做的时候。你不必再因为伴侣希望你跟他一起去参加家庭聚会，就不得不去尽义务。

第二步则关系到你的新生活。什么是你长久以来想要而不可得的呢？什么是你一再推迟的？什么是你一直不敢去做的？现在是时候了，你可以去接受职业教育，可以为了转行而去做培训，还可以去锻炼。现在你可以保持自己的风格，改变自己的着装、发型和身材。为了实现你心中渴望已久的梦想，这就是你必须迈出的一步。

如果在这个过程中，出现了不自信、无助、痛苦、软弱和恐惧等感觉，那么在这一阶段你首先要做的，就是学习接受并承担这些情感。在这一刻，你仍然要继续坚持，一步一个脚印去完成自己的改变。

但是请注意：不要自欺欺人！这并不是免费车票，能让你摆脱凡尘逃避现时的责任。这里发生的是一场艰难的巨变，如同毒瘾的戒断。需要极为清醒的头脑和坚持不懈的毅力，以及跌倒后再爬起来的信心和勇气。所有这些都能让你的心灵获得真正的解放，只要你不去心灰意冷地逃避。

宽恕：虽然老派却绝对有效

宽恕，也许这个词听起来有些老派和过时。然而在真相之外，绝对再没有什么比宽恕更能令你的生活发生急剧变化，从深层治愈伴侣关系中的痼疾。这里所说的宽恕与往常人们提到的宽恕有所不同，我们所说的宽恕并不是高尚慷慨，舍己为人，而是指你如何能够长期有效地摆脱情感冲动带来的苦痛，切断与过去的不健康联系。

每一份伴侣关系之中都会存在伤害和主观臆断。因此，若没有宽容精神，就不可能实现转变。否则，你怎样才能将那些长期累积下来的伤害从伴侣系统中清除出去呢？如果没有足够的宽容精神，你或许可以将这些负面情感暂时压制下去，但它们不会消失。它们会在你的心灵和身体中郁积起来，如同没有清理的垃圾，终有一日会堆积如山，变成横亘在你和伴侣之间的高墙。

宽恕与施恩是完全不同的两回事。真正的宽容如同一场清理废旧物品的大扫除，能够使你的心灵获得解放。真正的宽容也是一种极致的生活态度，与我们讲座的大部分内容一样，宽恕也需要将视角从外部转向内心世界。

你不妨冒险去做一个实验：请你在记忆中寻找一个曾经令你感

到深受伤害的事件，可能你的伴侣没有保护你，或者有什么事隐瞒了甚至欺骗了你；你可能感觉自己被利用了，或者在困难的时候被置于一旁而没得到应有的支持。请感受一下，是否有图像出现在你的内心？你能否感觉到怨恨、恼怒、软弱无力或者恐惧？你的身体是否感到僵硬紧绷或感觉陷入了麻痹状态？

无论你有什么感觉，一切都是在你的内心发生的，而不会发生在那个伤害你的人的心里，也不会在外部世界的任何地方。在这一时间内，其实什么都没发生——我们只不过是向你提出了几个问题而已，出现的只是你的思想和你的感觉。

当你想到过去的伤害时，你会感觉很糟糕。而你之所以会感觉糟糕，是因为你被一个过去的事件和一种旧有的感觉死死抓住而不得解脱。你能感知到这有多么荒谬吗？你有没有注意到这一点，当你的内心被过去的怨恨情绪所控制时，你就会不断地伤害自己？或许你认为自己有权力感到愤怒和怨恨，因为毕竟是你的伴侣没有善待你，背叛或欺骗了你。的确，你可能真的很有理由生气和伤心。但问题是：难道你真的想让自己难受吗？当涉及你对于情感伤害的反应时，大概还从来没有人鼓励你向自己提出这个问题。遗憾的是，尽管如此，这个问题却是极为重要的。

你可能体会不到内部有任何获得滋养的感觉，但尽管如此，你依然可能拥有那茅塞顿开的瞬间，甚至在你内心深处还能猛然意识到，其实还有更多的东西存在。

这个问题能够引导你去发现宽恕的现实价值。它可以给予你对生活的自由选择权，并使你获得解放。你可以通过宽恕来赢得内心的和谐，战胜欲望和压力，不再屈服于对自己和他人的一贯苛求，避免让自己的能量都消耗在苦闷、愤怒和报复的欲望之中。

宽恕还有一种美妙的副作用：净化自己。在你批判别人的时候，其实暗中也是在批判自己。当你学会宽恕他人时，你也因此摆脱了自己身上的完美主义和臆想中的软弱无能，从而不再拒绝自我。如果你能够有意识地培养自己宽恕的能力，就能学会与他人保持适当距离，随着时间的推移，你将能更加接受自己，对自己抱有同情之心。

爱自己　给自己能量，放下所有的纠结

这个练习很短，但当你感到疑惑时，就需要加大训练的强度。

当你在过去的泥沼中艰难跋涉时，请务必要认真注意，一旦你触碰到伤害或痛点时，就要马上叫停：站住！然后你要迅速而坚决地转换立足点，在心里对自己说：我不想再继续扮演受害者的角色！我也不愿再让自己感觉糟糕，因此，我现在就要放下所有的问题与纠葛，不再执著，让它们随风而去。我要站在自己这一边，拥有自己的能量，走自己的路。

如果你能定期地反复练习，你就能最终与自己的生活和解，从而走向未来。学会宽恕在开始时不是很容易的事，但绝对疗效显著。

“爱自己”的秘诀

Raus aus der Krise – rein ins Glück

我们的课程已经接近了尾声。此时你的脑海中可能已经冒出各种问题，希望能得到详尽的解答。当然，关于获得幸福伴侣关系的建议我们还有很多，而书中的一些练习也可能会带给你更多的帮助。我们相信，所有这些都将激发你内在的动力，或许还能促使你又一次在生活中发生飞跃。但是，这一切都只能给你指出前行的方向，却不能引导你抵达目的地。

“爱自己”的核心秘诀，远远超出了我们在这里通过练习所能阐明的，也不是我们的理解力所能囊括的，它的内涵和外延都要更深更广。重要的并不是如何去练习，也不是如何去完善自己，而是去发现自己，接受自己，相信现在的你就是最完美的自己。在你的身外没有其他，伴侣、关系、财富、成就……这些都不能满足你内在的渴望与追求。或许外部世界能在一定程度上对你有所帮助，但它不能真正给予你内心合一的感觉——爱的核心。

你可能还没意识到，但人们却是在欲望和期待的驱使下相遇相知的，而人们真正想要得到的，其实并不是另外一个个体，而是同自己的内在融为一体的感觉，与自己合二为一。因此，我们最无可奈何的困境也并不总是选错伴侣，而是我们不知道自己究竟是谁。而我们所有人苦苦寻求的合一感，事实上的确存在。但它并不存在于我们以为能够找到它的地方——外面的世界，而是植根于我们的内心深处，就在我们自己的内部。

如果你现在正好感觉很失落，被独自抛在一旁，那也并不意味着你做错了什么。你只是忘记了自己究竟是谁。你之所以一直没能找到爱，正是因为你总是在错误的地方寻找，你总是不断地在外面的某一个人身上寻求爱。如果你愿意尝试一次，将目光从外面的世界收回来，认真地朝你自己的内心深处望去，你将发现一个奇迹：原来，你与生俱来就是合一的。在你的内部存在一个完美的本性，就像埋在葵花里的种子。而一颗种子的伟大就在于，从生命的最开始就蕴含了其日后成为某种植物的所有信息。

爱自己　　成长，长成为自己本来的样子

请闭上你的眼睛，将目光转向内心，然后开始想象：你看到一颗葵花的种子躺在泥土里，葵花种子会不会提出这样的问题："假如我是一颗玫瑰的种子，我是不是会更积极更阳光呢？"它会不会努力试图长得跟其他植物的种子一模一样呢？它会不会想要改变自己，好让自己变成其他植物呢？或者，它只是自然而然地成长，努力使自己长成一株向日葵，长成为自己本来的样子。

请你接着想象：你就是那颗种子，享受着作为向日葵的快乐。你面朝阳光，你的根深深地扎入泥土之中，吸取着养分与水。在你的内部就蕴藏着这样一颗种子。所有的一切都已存在，只是你现在可能还看不到这些潜在的东西。

如何能找到真爱

Du und ich – und der, die oder das Dritte

你一定还是非常渴望找到爱的，对不？那么在结束之前，就让我们和你一起再次出发，迈出理性所能把握的区域，看一看爱的所在。如果你确实想要在生活中拥有爱，首先你就必须学会去接受，这样你才能为爱的降临做好准备。

其实，所有你认为获得幸福的前提条件，在你的内心都已存在，只是没有人能够用词句或表白将你引导到那里。即使是我们，也只能向你讲述，作为伴侣我们是如何以自己的方式，找到那条通向充实的伴侣关系和爱的道路的。最后的结果就是这朵从经验中开出的奇迹之花——“爱自己”。如果你去实践，你就会体会到它的奇妙。或许它所传达的，已经超出了你的理性所能接受的范畴。它是由反应和共振中得出的经验之谈。不论你的头脑是否感到迷惑，你全身的每个细胞都会感受到事实的真相。你会听到身体内部发出一声轻微的咔嚓声，由此你知道，在那里的确存在着什么，那就是楚尔霍斯特夫妇现在所说的。

这并不是说，你眼下就会神采奕奕两眼放光地坐在那里，心里充满合一感和对自己无限的爱。相反，此时你可能正处于生命中最大的一次伴侣危机，你心怀恐惧，生怕在伴侣面前失去信任和尊重，感觉自己一钱不值，孤独落寞。

我们在本书中一直在向你讲述，你所需要的一切都已存在，你所寻找的一切就在你的内心。爱在你的心里,就像种子卧在向日葵里，已经为将来成为一颗向日葵储存了所有的信息，种子别无他求，只愿有一天能出土发芽，茁壮成长。你可能会因为急于获得幸福，以至于等不及而破土而出。或许你会感到悲哀，因为你察觉到，自己已经远离了通向幸福的轨道，长时间以来，你所做的一切都与幸福无关。这些感觉其实都在向你指明方向，但它们却并非在证明你的内部缺乏那个完美的种子。你只是体验到了失去与自己内在联系之后的感觉。

这完全不意味着你做错了什么，也不是你的过失。我们中的大部分人或早或晚都会失去与自己的天然联系。当一颗向日葵的种子在大自然中单纯地生长并令自己自由绽放时，我们却随着生活的逐步发展而不断接受了各种可能的影响，与基因所决定的先天因素一起，持续作用于我们这颗种子的发展：我们所接受的教育、来自家庭的要求、维持社会发展的规则以及朋友和伴侣对我们的影响以及期待。所有人对我们该成为什么样的人都有自己的主观臆想。只是很少有人知道，我们本身究竟是谁。

为了在家庭、朋友圈或伴侣关系中找到归属感，你不得不去适应这个，争取那个，同时还必须放弃自己的本性，这么多年以来，所有这些在你这颗向日葵种子上都如此强烈地打下了深深的烙印，以至于你对自己与生俱来的完整性已经完全丧失了概念。你内在的本源早已消失在你的视野之外了。

于是，有一天你会感到茫然若失，找不到任何一线与自己本性的天然联系。有时候你会问自己：假如你是一朵玫瑰的话，是不是一切就会变得更美好？有时候，你会出发去寻找另一颗向日葵，但如果你失去了与自己内在本源的联系，你只会迷失在外部世界的寻找中：你会在伴侣关系中寻找幸福和治愈创伤的灵丹妙药，你会在对方身上寻找改变和新出路，你会在大千世界不断寻找一个新的、更好的伴侣……然而，这些其实都不是你真正想要寻找的。你一直在试图找到的，其实是与你自身力量的联结，是对天性的回归，是获得自然生机的可能，是你内在的完整合一。

寻找内心的种子

你现在的感觉如何？请你打开自己，一步一步地将自己展示给另一个人，让他看到：你究竟是谁。

你不再满腔热忱满心期待地去寻找那个正确先生或者完美女士，而是去寻找自己内心的种子。你要努力深入到内心的角落去寻觅，然后将它植入适合的土壤中。你要会为它浇水施肥，并充满信任地等待着，守候着，直到它破土而出，成长为一株最好的向日葵，那就是现在的你。

最后的王牌：幽默

Raus aus der Krise – rein ins Glück

你知道吗，我们现在只要想到当初居然会准备分手，就会大笑起来。即使只是当初这个想法本身，在我们今天看来也显得十分滑稽可笑，令我们忍俊不禁，相顾莞尔。今天，离婚已经成了我们日常生活中的一个小小玩笑：要是你再不把橡胶小熊的糖果给我拿来，我就跟你离婚……离婚的想法在我们的婚姻中早已没有了立足之地。如果你能沿着我们在这里所描述的道路前行，你就会看到，许多伴侣关系中的问题都可以如此解决。它们将变得不再具有威胁性，因为你已经开始从深层理解它们，而不再把它们当成严重的灾难。

你能否获得幸福，就取决于你能否不再被所有外在的东西拽着往下沉，并且有意识地与关系中的紧张状态保持距离。为此，幽默是一个奇妙的手段，它可以帮助你在事情发生时以轻松的态度来面对，令你完好无损地穿过雷区，抵达安全的彼岸。幽默是从头脑通向心灵的升降机。

首先，它可以在开始阶段对你有极大的帮助作用。堆积的那些情绪垃圾虽然已被你看透，但由于惯性的作用，这些陈年往事仍然会时不时地沉渣泛起，比如你可能还是会不由自主地陷入权力斗争，虽然你已经注意到，这种重复只是一种没完没了的折磨：你身上原有的烙印和固有模式，以及主观臆想都折射到了伴侣的身上。一个开始爆发，另一个则对此做出相应的反应。在此情景下，你会感到自己几近疯狂，一切又陷入了怪圈之中。但你也可以采取其他方式来处理，比如，你完全可以适时开个玩笑。这样，爆炸的危险便在空气中消散殆尽。幽默能使人摆脱困境，能让你很容易就又可以无拘无束地走向对方，并彼此敞开心扉。这岂不是一个美妙的前景……

幽默是最有效的治疗手段，而且当障碍特别严重时，恰好就是幽默发挥作用的最好时机。许多人以往受到伤害的性经历过于沉重，此刻幽默就是一座跨越深层伤痛的桥梁，能够治愈创伤挽救生命。

或者，你长期地抱怨自己的丈夫从来也不认真考虑一下关系中存在的问题。他对你的感情一无所知，更别提对自己有什么认识了。他也不曾跟你一起学习，不去了解在伴侣关系中究竟是什么在起作用。你可以选择因此而感到绝望，也可以选择用我们最爱说的一句话来打趣：许多女人都很嫉妒她们的男人，因为他们的婚姻很幸运。这乍看之下像一句玩笑，但如果再深入下去，你就会发现这句话打开了一条难以置信的通道，能让你摆脱戏剧性的纠缠。

痛苦与悲剧的发生，往往是因为你无意识地陷入了纠缠不清的状况，而不是因为完美无缺的你碰上了一无是处的伴侣。因此，当两个人之间出现问题时，并不需要马上去寻求婚姻指导，更不必立刻离婚。有时候你们只是需要一点小小的幽默，换句话说，你不必嫉妒伴侣娶对了人，而应该希望自己嫁得更幸运。

爱自己

爱上你自己

请对自己慷慨大方一些，经常对自己会意地眨一眨眼睛。了解自己的怪癖，并试着去爱上它。于是，你就会越来越深地发现这个奇迹：你的伴侣和外面的其他人都会自动地变得更加可爱，就像你自己一样！

后 记

一个人读就可以，但两人一起读会更好

我们中只有极少的人在生活中学到了信念、爱、宽恕以及治愈心灵创伤的能力。我写作这本书的目的，就是想要借助我个人的生活经历来传播知识与希望，我想告诉人们，沿着这条爱与信仰铺就的道路前行，真实的奇迹就可能在你的生活中出现。

当然我也知道，从头到尾浏览一遍只能给人一些触动。为了能确实在你的生活中发现真爱并实现它，需要你耐心坚定，不屈不挠。我希望你能一遍又一遍地阅读这本书。或许有时你会觉得眼前漆黑一团，毫无希望；或许有时你又会觉得筋疲力尽重新陷入绝境；有时你会满腔仇恨，怒火中烧；有时你又会确确实实地认为，一切都掌握在对方手中；甚至有时你只能寄希望于分手。

所以说这样的书读一遍是不够的。你要尽可能重复阅读那些对你来说重要的章节。由此你会不断回想起，一切都不是绝对的，在他人身上也存在着爱，坚持下去是有意义的。每一次的阅读，你都会获得新的体会。如果有一种观点深深触动了你，那你就应该说出来与你的伴侣一同探讨——重要的是告诉他你的感觉，你在阅读中被激发出来的感想。把你觉得重要的章节读给他听，请他也来读一读。如果你们两人能一同阅读这本书，那就再理想不过了。但如果你的伴侣一时对此不予理睬，你也绝对不要把这当成不再前行的借口。请不要忘记，对于你来说他不过是面镜子而已。也许你已很仔细地阅读了这本书，但你却感觉自己缺乏力量，无法在此后坚持不懈地去实践并做出自己的选择；也许你在潜意识中根本就不想跟你的伴侣一起阅读这本书，而只是想通过教育他来纠正他的错误。无论如何，只要你在一个更深的层面上坚持迈步前行，你的伴侣就能立刻察觉到自己在被一种新的力量所召唤。

最重要的是：你不要放弃，不论事情将如何艰难，不论你感觉自己多么无能为力。在按照本书的各个重要观点一一去实践的初期，你可能觉得事情变得比以前更糟糕。在这样的状态下，请你再次拿起这本书，再读一读其中的章节，你的灵魂将得到安慰。爱必定能够在你的内部重新运转。

但是，我们必须首先控制自己习惯批评和猜疑的生活态度。我们必须放下很多东西，比如旧习惯，而持续不断地去锻炼自己接受新鲜事物的能力，直到它们在我们的意识层面像新鲜的种子扎下根来，不断成长成熟，并在适当时机开出艳丽的花朵。

在这混乱而无知的时代，重新在我们内心发现并释放被掩埋的爱，不是一件容易的事。但如果你能鼓起勇气真诚面对一切，如果你能发自内心地看清一条不同以往、充满爱与满足的道路，那你一定会被生活引领着走上这条道路。请你保持清醒的头脑认真审视一下，你究竟是从哪里获得了关于你内心问题的答案。

在我们前行的路上，不论能获得的帮助将以何种面目和姿态出现，我们都必须下定决心去接受它。最终必然是我们自己背负使命，以实现自己与这个世界的和平共处，而且就按照它此刻的本来面目去与它相处。最重要的并不是找到一个正确的伴侣，而是我们能重新决定自己的生活。除了我们自己，没有谁能为我们做到这一点。我们能依靠自己的信念，从天地之间获得力量，去完成我们的最大使命。

温情小贴士

你也能拯救你的婚姻

针对那些对婚姻感到失望的伴侣们，楚尔霍斯特夫妇给出了如下建议。

爱娃－玛丽亚：

1．接受不同之处

我丈夫和我是完全是不同的类型：我喜欢幻想，而他则很现实。因此以前我们总是喜欢吵架，而现在我们却能接受对方的性格。

2．积极对待而不是抱怨

当女人对婚姻不满时，她们总会抱怨自己的丈夫。在决定重建我的生活时，我变得很独立，所以他的反应是他自己也要行动起来。这样我们的生活就又回到幸福婚姻中了。

3．敞开心扉与对方交流

为了找到对自己跟婚姻有利的因素，坦诚很必要。夫妻之间很容易走向这样的情况："我再也不知道现在走到哪里了。我再也不能知道了。"其实两个人一起更容易找到共同生活的办法。

沃尔夫拉姆：

1. 爱情在前，工作在后

男人喜欢在工作中投入大部分的精力，回到家后往往很疲惫，需要得到照顾，就不会说要给对方带来什么。男人们应当学会不要将最爱的工作放在第一位，谁能给自己的伴侣更多的时间和关注，谁就能维系更好的婚姻。这样，你的工作也自然会变得如鱼得水。

2. 及时发泄愤怒

以前我有气的时候总是放在心里，直到某个时间点才爆发。现在，我有不爽的时候我就直接说出来。

3. 接受帮助

当我妻子走她自己的路时，我强迫自己也要继续发展，否则她就走掉了。接受帮助是一个治疗方法。能将我这种奇怪的、必须调整的情绪赶走。这很值得！

楚尔霍斯特夫妇深信，离婚是没有必要的！看了上面几条建议，你对你的婚姻生活是否有了新的看法？

《爱自己，和谁结婚都一样》
受到了众多媒体和读者的有爱追捧

新浪网、腾讯、搜狐、网易、价值中国网、凤凰网、瑞丽女性网、中国新闻出版网、优米网、爱丽女性网、时空网、沈阳网婚嫁频道、《广州日报》《好日子》《新潮生活周刊》《晚报文萃》等。

五星级读者评论

★ ★ ★ ★ ★

很好的一本关于婚姻的心灵成长书　2011-11-29　huarui2006

很好的一本关于婚姻的心灵成长书。作者是身心灵、心理治疗方面有较强功力的人。前几天推荐给一位友人看，过两天看见她满脸轻松，很是喜悦，以往的沉重、焦虑均已无影无踪。她说照书上做的，自己有了改变。强烈推荐！

情感老师　2011-11-29　xufeiyiyi

很好的一本书！对于身处婚姻围城的困惑男女，它是最好的挚友！面对日渐浮躁、纷扰多变的现实情感世界，时刻保持一颗智慧的心才能从容平静，幸福过好每一天。那么，看看这本书吧。

这本书挽救了我的婚姻　2011-04-11　sohucomqq

我和老公结婚时间不长，出现了很多矛盾和问题，我感觉我们完了，也很痛苦，因为当时我们是因为爱走到了一起。他的条件很不好，结婚之前，很多人都反对我和他交往，可是在交往中，我发现我很喜欢他，于是，我们结婚了。

我们曾经说过，我们不会吵架，但是结婚后，我们发现彼此的生活习惯和生活观念有多么的不同，我接受不了，我们经常吵架，还打了两次架，我们写了离婚协议书，正准备离婚。

这时，我在当当网发现了这本书，就买了下来，用心看了一部分，感觉很好，我发现自己对婚姻的很多想法都是错误的，我对他要求太高了，自此我改变了对待婚姻的看法。我把书也给他看了，他看了之后，也有很多感悟。于是，我们畅谈了一次，谈了很多观点和想法，这在过去根本没有过，过去我们什么都无法谈。

感谢这本书让我们重新面对了自己的婚姻，各自分析了自己的不足，在婚姻走向分裂的时刻，挽救了我们。

幸福掌握在自己手中　2010-07-11　果子林 001

爱娃的观点“爱自己，和谁结婚都一样”，并不是让我们随便找个人结婚步入婚姻生活，而是说无论我们的婚姻爱情以何种面目和姿态出现，找一个正确的伴侣并不是最重要的事，最重要的是认识我们自己，让自己决定自己的生活。也就是说，我们必须找到我们与这个世界和平共处的方式，这个才是生活幸福快乐的前提条件。

在如今这样忙碌的年代，当我们在世俗中日渐麻木，习惯性用外在来衡量一切，每天当我们的视线都被各种声音、图像和文字占据，我们缺少的是与自己和平相处的时间，我们听不清源于内心的声音，看不清自己的那条充满爱与满足的道路。

爱娃在自身爱情婚姻中经历的种种磨难让她更懂得真实家庭内外人际关系的发展，而她也逐步发展确立起对整个世界全新的认知体系。

发掘希望、爱和勇气的经历与感受，让这本书更多了一些感同身受的亲和力。

好书，值得每一位渴望幸福的人阅读 2011-11-26 young_fan

最初，是被书名给吸引了，打开以后，一口气读下来，心中对婚姻的疑虑一下子解开不少，在自己身上找原因，先学会爱自己，然后自然会吸引爱你、懂你的人来到身边，让你选择。

推荐，强烈推荐 2011-08-23 xinyiyj

我赞同：爱自己，和谁结婚都一样，因为只有自己完整了，你才不会从别人那里获取你自己没有的，当你喜欢自己的时候，你才能发自内心地对自己好，一个对自己好的人才能对别人好。

爱自己，结不结婚都一样 2010-05-19 刘圈点绕

什么是爱？世人对爱各执一念，执著纠缠爱的得与失，在计较中反而让爱越走越远。爱人胜过爱己，该不该？为爱失去自我，悔不悔？因为有了这样的付出，便想着同样的收获，可惜爱情不会等价交换。这世间爱情不幸的人有很多，世事无常，所谓的自我惩罚不如自我救赎，没有谁该为谁永远受苦。爱人先爱己，懂得爱自己，和谁结婚都一样。

有些人总是执著于一把钥匙开一把锁，总认为只有找对了钥匙，才能打开心锁，执著于寻找最完美的那一把，任光阴流逝、年华蹉跎，也许倾其一生，都未必能够满足。

读《爱自己，和谁结婚都一样》，对于幸福的感触变得清晰；对于婚姻的理解更加深刻。相爱容易相守难，一个人的执念，往往是增加伤痛的利刃，放大了痛苦，蒙蔽了幸福，糟蹋了婚姻。幸与不幸只隔着一道坎，幸福取决于自己，爱自己，让自己更幸福吧！

一个简单而又容易忽视的道理　2010-11-12　hzchild

已过而立，会常常痛苦于自己与期望之间的差距。

机场看到这本书，随意翻翻，就放不下了。

就像书名所写，当一个人好好爱自己时，她（他）就不会将过分的、不切实际的期望放在他人身上，哪怕这个人近在咫尺。不要认为自己的幸福应该由别人负责，不要以为别人应该左右自己的心情乃至生活。一切开心的原动力都在于自己。

每个人都应该看的一本书　2010-11-10　angelchunxian

这是一本关于婚姻家庭比较好的心理学著作，值得我们每个人学习。其实婚姻家庭的经营是需要学习的，并且这本书更懂得原生家庭对人的影响，可以避开婚姻中的一些暗流。不管对于婚姻还是建立一段亲密关系，都是非常有益。

找寻自己，你将获得美满人生！　2011-09-26　李佳遥

我是一个开朗、热情、热爱生活、热爱工作、善良且离过婚的女人，一直对自己的生活不满意、不甘心，对另一半也总是有不满意的地方，在我的人生中扮演了不同的角色，有时觉得自己挺成功，周边的朋友都觉得我在工作上很用心，朋友很多；有时又觉得自己很失败，对女儿的教育有不满意的地方，身边没遇到一个好男人真正理解我，疼爱我，帮我减轻生活的压力。

一次偶然的机会，好友向我推荐了这本书，我看了一下简介就迫不及待地把它请回了家。工作和照顾女儿之余我就会把它拿出来好好品味作者的感受，体会情感世界的种种，才真正开始回忆在过往的岁月里自己的本原，开始在慢慢学着反思自己的潜性情，人生今天的遭遇一定是五年或十年前不经意间种下的果，我不想被人伤害，故从不

刻意伤害别人，包容能包容的，但今天看来光有这些是不够的。

《爱自己，和谁结婚都一样》这本书挺好，推荐爱思考生活的朋友们看看。我想看完以后如果不能改变自己的生活，但至少能变换自己的思维模式。顶！

开卷有益，适合已婚和未婚的人来阅读。　2011-09-10　chpczx

开卷有益，适合已婚和未婚的人来阅读。我们肯花多时间来上网，看电影，学习，为什么不花点时间来学习一下如何理解你的另一关呢，这关乎我们婚姻的幸福。

中资海派出品

为精英阅读而努力

〔日〕吉木伸子　著
田园　译

定　价：25.00元

破除你的保养迷思，找回你的Q弹美肌

别再错误保养了，教主级美容皮肤科吉木医师，以10年的美肌问诊经验，传授皮肤保养秘籍，破除25个习以为常的保养迷思，5周变身美肌达人！

检测周：纠正保养基本常识，破除清洁迷思大检测！
扫盲周：小心陷阱！错误观念就在你的保养工作中！
修炼周：无法改善的肌肤问题，是保养失当！
提升周：良好的生活习惯，是完美肌肤的本源！
蜕变周：身体、头发的烦恼，别再闭门造车了！

听吉木医师的美肌处方，1天1课，1周见效，5周完美蜕变，找回Q弹美肌！

〔日〕齐藤美惠子 著
郭　勇译

定　价：22.00元

比PUSH美腿按摩更有效，塑造出令人目不转睛的纤细美腿!

两周实现不可能完成的美腿计划
第一周
双腿变纤细、变笔直
第二周
连最难瘦下来的大腿和脚踝都明显变瘦了

教你比PUSH按摩更有效的骨骼矫正运动！
2周美腿大作战，实现不可能完成的美腿计划！

拥有笔直、纤细、修长的“I”型美腿不是梦！

中资海派出品

为精英阅读而努力

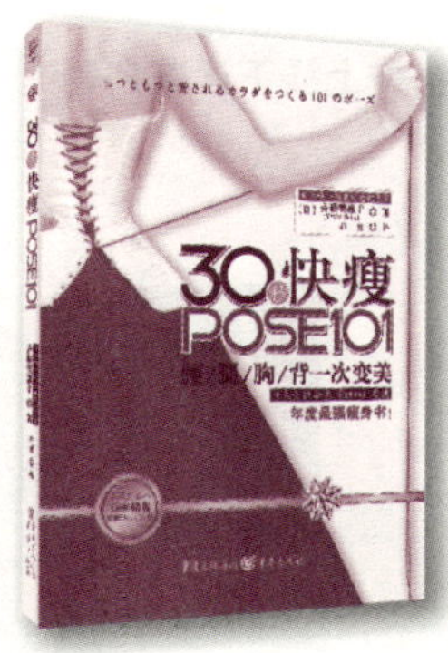

〔日〕齐藤美惠子 著

郭 勇译

定 价：22.00元

日本女性杂志《anan》票选
年度最强瘦身书！

一天只要一个动作、最多持续30秒！

每个姿势最多只要30秒，姿势超级简单，人人都会做，随时都能练习，给你秒杀赘肉的超级瘦身体验！

本系列丛书日本销售突破200 000册

〔日〕齐藤美惠子 著

郭 勇译

定 价：22.00元

短短10开，让你的臀部窈窕5厘米，
弹力十足，挺翘迷人！

没有紧翘臀形，
就显不出腰的纤细、腿的修长！

美腿意识专家齐藤美惠子说：臀部是女性魅力的象征。美丽臀形，决定着大腿的完美曲线。

有美丽的臀部，才有婀娜的身材！